W0202414

Richtig versichert

Wer braucht welche Versicherung?

Immer aktuell

Wir informieren Sie über wichtige Aktualisierungen zu diesem Ratgeber. Wenn sich zum Beispiel die Rechtslage ändert, neue Gesetze oder Verordnungen in Kraft treten, erfahren Sie das unter:

www.vz-ratgeber.de/aktualisierungsservice

Richtig versichert

Wer braucht welche Versicherung?

RITA REICHARD | ELKE WEIDENBACH

verbraucherzentrale

ZDF WISO

17 Richtig krankenversichert

63 Finanziell abgesichert bei Berufsunfähigkeit

Inhalt

6 Zu diesem Buch

8 Die wichtigsten Fragen und Antworten

17 Wie versichern Sie sich richtig, wenn Sie krank werden?

17 Versicherungspflicht für alle

24 Gesetzliche Krankenversicherung

38 Private Krankenversicherung

45 … um im Pflegefall ausreichend abgesichert zu sein?

45 Pflegepflichtversicherung

48 Private Pflegezusatzversicherungen

53 … gegen vorübergehende Einkommensausfälle?

53 Einkommenslücke berechnen

55 Krankentagegeldversicherung

63 … gegen die finanziellen Lücken bei Berufsunfähigkeit?

63 Niedrige gesetzliche Rente

65 Berufsunfähigkeitsversicherung

69 Erwerbsunfähigkeitsversicherung

69 Grundfähigkeitsversicherung

70 Unfallversicherung

71 Dread-Disease-Versicherung

71 Funktionsinvaliditätsversicherung

73 … wenn Sie ein erhöhtes Unfallrisiko haben?

73 Private Unfallversicherung

75 Gesetzliche Unfallversicherung

77 … um Ihr Kind vor den finanziellen Folgen der Invalidität zu schützen?

77 Invaliditätsversicherung für Kinder

81 … um Ihre Angehörigen abzusichern?

81 Risikolebensversicherung

99
Hab und Gut, rundum versichert

135
Gut geschützt unterwegs

159
Versicherungen beenden

87 ... wenn Sie Schäden anrichten?

87 Private Haftpflichtversicherung

94 Haftpflichtversicherungen für besondere Risiken

99 ... gegen den Verlust von Hab und Gut?

100 Wohngebäudeversicherung

107 Hausratversicherung

119 ... gegen das Risiko hoher Prozesskosten?

119 Rechtsschutzversicherung

125 ... bei Schäden am Auto?

125 Kfz-Versicherungen

132 Insassenunfallversicherung

132 Autoschutzbrief

135 ... wenn Sie auf Reisen gehen?

135 Auslandsreisekrankenversicherung

138 Reiserücktrittsversicherung

140 Reisegepäckversicherung

143 ... über Versicherungsportale im Internet?

143 Guter Rat aus dem Netz?

147 ... indem Sie sich nicht versichern?

147 Überflüssige Versicherungen

153 Wie kommen Sie an die richtigen Verträge?

153 Versicherungsbedarf analysieren

154 Hinweise und Tipps für den Vertragsschluss

159 Wie beenden Sie falsche oder zu teure Versicherungen?

159 Widerrufsrecht und -frist

162 Kündigung von Versicherungen

165 Beendigung von Lebensversicherungen

171 Anhang

172 Adressen

176 Stichwortverzeichnis

182 Bildnachweis

183 Impressum

Zu diesem Buch

Etwa 193,8 Milliarden Euro gaben wir Deutschen nach dem Geschäftsbericht 2015 des Gesamtverbands der deutschen Versicherungswirtschaft (GDV) im Jahr 2014 für Versicherungen aus. Das sind rund 2.430 Euro für jeden von uns – vom Baby bis zum Greis. Von dieser gigantischen Summe verpulvern wir allein 6,47 Milliarden Euro für die private Unfallversicherung, die viele nicht benötigen.

Wenn man außerdem berücksichtigt, dass so wichtige Verträge wie die Privathaftpflichtversicherung mit guten Leistungen je nach Gesellschaft Preisspannen zwischen rund 50 und 180 Euro haben können, beginnt man zu ahnen, wie viel Geld wohl wirklich zum Fenster herausgeworfen wird. Vielleicht 30 oder doch sogar 60 Milliarden Euro im Jahr? Jedenfalls zeigen die Vergleichstests, dass häufig gerade die Marktführer bei gleichen Leistungen sehr teuer sind.

Welche Versicherungen sind notwendig?

Nicht nur für zu teure Anbieter geben wir zu viel Geld aus. Viele von uns sind auch völlig falsch versichert. So schließen etwa Urlaubsreisende eine Gepäckversicherung ab. Der Verlust eines Koffers bedeutet zum einen nicht einen finanziellen Ruin, zum anderen sind die Bedingungen der Versicherer oft so streng, dass der Verlust nicht ersetzt wird.

Aber noch nicht einmal ein Viertel der Haushalte in Deutschland hat sich gegen den Super-GAU »Berufsunfähigkeit« abgesichert. Dabei hat jemand, der im Monat zum Beispiel 2.000 Euro verdient, bis zum Ruhestand einen Verdienstausfall in Höhe von rund 770.000 Euro, wenn er mit 35 Jahren berufsunfähig wird. Das könnte man nur mit einer Riesenerbschaft oder einem Super-Lottogewinn selbst absichern. Wer mit 45 Jahren über ein Jahreseinkommen von 48.000 Euro verfügt, hat dann sogar ein Einkommensrisiko von 1.056.000 Euro.

Persönlichen Versicherungsbedarf erkennen

Dieser Ratgeber hilft Ihnen, einen guten und kostengünstigen Versicherungsbestand aufzubauen und ab sofort kleinere oder aber wesentlich kostspieligere falsche Versicherungsabschlüsse zu vermeiden. Sie müssen dazu nicht alle Kapitel durcharbeiten. Der Ratgeber berät Sie vielmehr individuell und unter Berücksichtigung Ihrer konkreten Situation.

In den Umschlagklappen dieses Buches finden Sie eine tabellarische Übersicht von Versicherungsangeboten, geordnet nach Sachgruppen und nach Wichtigkeit. Hier können Sie sich einen Überblick verschaffen, welche Versicherungen Sie in Ihrer aktuellen Lebenssituation haben müssen, welche unbedingt notwendig und welche eher überflüssig sind. Mithilfe dieser Übersicht können Sie direkt die für Sie wichtigen Sparten unter die Lupe nehmen.

Um Ihren Bedarf noch genauer zu ermitteln, werden Sie im Laufe dieses Buches immer wieder gebeten, kleine Tabellen auszufüllen, zutreffende Aussagen anzukreuzen oder Fragen zu beantworten. So können Sie Ihren persönlichen Versicherungsbedarf erkennen und erfahren gleich, von welchen Verträgen wir abraten.

Und falls Sie nach dem Lesen unserer Hinweise feststellen, dass Sie und Ihre Familie falsch oder zu teuer versichert sind, hilft Ihnen das Kapitel über die Beendigung von Versicherungen ab Seite 159.

→ BUCHTIPP

Alles, was Sie über private Altersvorsorge wissen müssen, erfahren Sie im Ratgeber »Altersvorsorge richtig planen« unter: www.vz-ratgeber.de

Aus unserer Beratungspraxis

Die wichtigsten Fragen und Antworten

→ Jährlich beantworten wir in unseren bundesweit rund 200 Beratungsstellen Hunderttausende von Fragen und helfen bei der Lösung von Problemen, die Verbraucherinnen und Verbraucher an uns herantragen. Aus dieser täglichen Praxis wissen wir am besten, wo der Schuh drückt und wie konkrete Unterstützung aussehen muss.
Diese Erfahrungen sind Grundlage unserer Ratgeber: mit präzisen, verbraucherorientierten Informationen, zahlreichen Tipps und Hintergrundinformationen zum besseren Verständnis.
Sollte für eine individuelle Frage weiterer Besprechungsbedarf bestehen, hilft unsere Beratung weiter. Eine Übersicht über unser umfassendes Angebot finden Sie unter: **www.verbraucherzentrale.de**

Profitieren Sie von unserer Beratungskompetenz!

Welchen Schutz bietet eine private Haftpflichtversicherung und wer braucht eine?

Wer einen Schaden verursacht, ist gesetzlich dazu verpflichtet, diesen auszugleichen. Da es keine beitragsmäßige Grenze nach oben gibt, kann das schnell ins Geld gehen. Diese Schadensersatzpflicht übernimmt eine private Haftpflichtversicherung für den Schädiger und wehrt dabei unberechtigte Forderungen ab.
Über eine private Haftpflichtversicherung sind die typischen Risiken des privaten Alltags abgedeckt, die durch Fahrlässigkeit (grobe und leichte) entstanden sind.
In teilweise beschränktem Maße deckt ein solcher Vertrag darüber hinaus auch die Schäden ab, die durch anfallende Baumaßnahmen, die Haftung aus einer Sportausübung (Ausnahmen sind Jagd und bestimmte Wettkämpfe) und Tierhaltung (Ausnahmen sind beispielsweise Hunde- und Pferdehaltung) entstehen. Für jeden sollte der Schutz über eine private Haftpflichtversicherung bestehen, wobei mindestens 5 Millionen pauschal, besser noch eine höhere Schadenssumme, versichert sein sollten.
→ Seite 87

Wird eher der Schutz einer Berufsunfähigkeits- oder der einer Unfallversicherung benötigt?

Die Berufsunfähigkeitsversicherung zahlt eine Rente, wenn aufgrund einer Erkrankung/Unfall der zuletzt ausgeübte Beruf in der Regel nicht mehr zu 50 Prozent ausgeübt werden kann. Diese würde also auch zahlen, wenn eine Erkrankung, ohne dass eine Invalidität vorliegt, die Ausübung des Berufs zu 50 Prozent verhindert.
Die Unfallversicherung zahlt meist eine einmalige Kapitalleistung, wenn durch einen Unfall eine Invalidität eintritt. Diese würde also auch zahlen, wenn trotz einer eingetretenen Invalidität der Beruf uneingeschränkt ausgeübt werden kann, aber nicht für eine Erkrankung.
→ Seite 73
Da durch die Berufsunfähigkeitsversicherung der Verlust der Arbeitskraft aufgefangen wird und gleichgültig ist, ob dies durch Unfall oder Erkrankung passierte, ist der Abschluss eines solchen Vertrags also ungleich wichtiger als der Abschluss einer Unfallversicherung.
→ Seite 65

Zahlen gesetzliche Krankenversicherer meinen Zahnersatz und sollte ich eine private Zahnzusatzversicherung abschließen?

Bei einem Zahnersatz erhalten Kassenpatienten Festzuschüsse. Dies gilt auch für Implantate. Ist dann etwas anderes als eine Standardlösung gewünscht, muss der Patient einen teilweise großen Teil der Kosten aus eigener Tasche zahlen.

→ Seite 24

Hat jemand das Geld grundsätzlich übrig, benötigt er den Abschluss einer Zahnzusatzversicherung nicht unbedingt.
Viele Verbraucher können aber eine teure Zahnbehandlung in dem Augenblick, in dem sie anfällt, nicht so einfach bezahlen. Dann kann es sich rechnen, eine solche Versicherung abgeschlossen zu haben.
Der Abschluss einer Zahnzusatzversicherung muss frühzeitig erfolgen. Ein Abschluss des Vertrags kurz vor der Behandlung des diagnostizierten Zahnproblems bringt meist nichts da die Behandlung in der Regel noch nicht vom Versicherungsschutz abgedeckt wird. Dies gilt auch in Fällen, wenn noch kein Heil- und Kostenplan existiert. Weiterhin müssen Sie zu Beginn des Vertrags meist mit einer Wartezeit von acht Monaten und einer Begrenzung der Leistungen in den ersten Vertragsjahren rechnen.

→ Seite 30

Soll ich eine kapitalbildende Lebensversicherung abschließen, um meine Familie abzusichern?

Grundsätzlich sollte Versichern und Sparen getrennt werden.
Gerade das verbindet jedoch eine kapitalbildende Lebensversicherung. Diese zahlt bei Tod während der Vertragslaufzeit eine vereinbarte Todesfallleistung. Erlebt man den Ablauf des Vertrags, wird eine Ablaufleistung gezahlt. Für beide möglichen Leistungen muss der Beitrag bzw. Sparbeitrag gezahlt werden.
Besser ist es, das Sparen zum Beispiel über Bankprodukte durchzuführen und den Todesfall über eine Risikolebensversicherung abzusichern.
Bei den Bankprodukten sollte darauf geachtet werden, dass diese flexibel und die Risiken bekannt sind.
Bei der Risikolebensversicherung sind ganz andere Dinge wichtig: Eine Risikolebensversicherung leistet nur dann, wenn die versicherte Person während der Vertragslaufzeit verstirbt. Die Absicherung über einen solchen Vertrag ist sehr günstig zu erhalten. Dies gilt insbesondere dann, wenn die zu versichernde Person jung und gesund ist, nicht raucht und kein risikoreiches Hobby hat. Der Preis ist für die Auswahl eines Angebotes einer Risikolebensversicherung das wichtigste Kriterium.

→ Seite 81

Zahlt die Hausrat-/ Gebäudeversicherung, wenn mir der Keller voll Wasser läuft?

Schäden durch wenige Naturgefahren wie Sturm sind über verbundene Hausrat- und Gebäudeversicherungen versichert.
Läuft Regenwasser von der Oberfläche in den Keller und zerstört dieses den Hausrat (z. B. einen Schrank) oder beschädigt das Gebäude, zahlen verbundene Hausrat- und Gebäudeversicherungen den Schaden nicht. Vielmehr muss hier neben diesen Versicherungen jeweils eine Elementarschadenversicherung abgeschlossen sein. Eine solche Versicherung übernimmt nicht nur Überschwemmungsschäden, sondern auch Schäden durch weitere Naturereignisse, z. B. durch Schneedruck. Schäden durch den Bergbau, Rammarbeiten, Abbrucharbeiten usw. fallen nicht darunter, da diese vom Menschen durchgeführt wurden und keine natürlichen Ereignisse darstellen.
Der Abschluss einer Elementarschadenversicherung neben einer Wohngebäudeversicherung ist aufgrund der möglichen Schadenshöhen sehr wichtig.
→ Seite 102
Der Abschluss einer Elementarschadenversicherung neben einer Hausratversicherung ist natürlich nur dann wichtig, wenn überhaupt ein Schaden durch Naturereignisse möglich erscheint.
→ Seite 115

Soll ich meiner Vollkaskoversicherung kündigen und mein Kfz nur noch teilkaskoversichern?

Eine Vollkaskoversicherung eines Kfz schließt grundsätzlich eine Teilkaskoversicherung mit ein. Vor einer Kündigung der Vollkaskoversicherung sollte jedoch geprüft werden, wie hoch der Beitrag für die Teilkasko wirklich ist und wie viel überhaupt gespart werden kann.
Es kann sein, dass sich der Aufwand gar nicht oder nur kaum lohnt, denn manchmal ist der Beitrag für die Kombination Vollkasko- mit Teilkaskoversicherung nur unwesentlich oder nicht viel teurer als eine reine Teilkaskoversicherung. Dies kommt vor allem bei Kunden vor, die langjährig im Kaskobereich unfallfrei gefahren sind.
Bei Abschluss einer Kaskoversicherung, gleichgültig ob Teilkasko- oder Vollkaskoversicherung, muss vorrangig das Leistungsspektrum des Vertrags berücksichtigt werden. Der Beitrag für den Versicherungsschutz spielt erst danach eine Rolle. Zu beachten ist auch, dass manche Versicherer ab bestimmten Typklassen oder ab einem bestimmten Fahrzeugwert gar keinen Vollkaskoschutz mehr bieten oder Zuschläge verlangen.
→ Seite 125

Welche Versicherungen brauche ich auf jeden Fall?

Sechs Versicherungsverträge hat ein Verbraucher im Schnitt in der Tasche, mit jährlichen Ausgaben von durchschnittlich über 2.200 Euro. Trotz dieser Zahlen sind viele nur unzureichend bzw. falsch versichert. Häufig sind unnötige oder veraltete Verträge in den Unterlagen zu finden. Zum wichtigen Versicherungsschutz zählen diese Policen: Eine private Haftpflichtversicherung ist ein Muss. Auch andere Haftpflichtverträge können elementar sein, abhängig von der persönlichen Situation.

→ Seite 87

Auch die Berufsunfähigkeitsversicherung als „Rettungsschirm" bei Verlust der eigenen Arbeitskraft infolge einer Erkrankung oder eines Unfalls ist sehr wichtig und idealerweise in jungen Jahren abzuschließen.

→ Seite 65

Zur Absicherung der Familie sollte der Hauptverdiener an eine Risikolebensversicherung denken. Sie dient im Falle des eigenen Todes dem Schutz der Familie vor finanziellen Engpässen.

→ Seite 81

Wo kann ich mich informieren und Verträge abschließen?

Erste Informationen erhalten Sie im Internet sowie in unabhängigen Testzeitschriften wie Stiftung Warentest. Unabhängige Beratung bieten die Verbraucherzentralen: www.verbraucherzentrale.de

Versicherungsverträge vermitteln Versicherungsvertreter und Versicherungsmakler (Oberbegriff Versicherungsvermittler). Beide erhalten vom Versicherer eine Provision/Courtage. Der Versicherungsvertreter tritt in der Regel nur für einen einzigen Versicherer auf und vermittelt für diesen Verträge. Dagegen wird der Versicherungsmakler im Auftrag des Versicherungsnehmers aufgrund eines Maklervertrags tätig und kann im Regelfall auf eine Vielzahl von Versicherungsverträgen/Tarifen zurückgreifen.

Ein sogenannter Versicherungsberater wiederum berät gegen Honorar und ist wirtschaftlich von Versicherern unabhängig, da er keine Provision annehmen darf. Eine Liste der zugelassenen Versicherungsberater finden Sie unter: www.bvvb.de. Den jeweiligen Status können Sie kostenlos einsehen unter: www.vermittlerregister.info.

Direktversicherer arbeiten ohne Vermittler. Diese vertreiben ihre Produkte über das Internet, Telefon usw.

→ Seite 151

Was ändert sich mit dem Eintritt ins Berufsleben?

Viele Versicherungen brauchen Berufseinsteiger nicht. In der ersten Ausbildung oder während des Studiums sind sie in der Regel noch in der Privathaftpflichtversicherung der Eltern mitversichert.

→ Seite 90

Auch die elterliche Hausratversicherung bietet zum Teil in der Studentenbude noch begrenzten Versicherungsschutz.

→ Seite 108

Wenn Ausbildung oder Studium endet und der Anstellungsvertrag folgt, müssen spätestens dann eigene Verträge abgeschlossen werden.

Für die meisten dürfte der Weg in eine der gesetzlichen Krankenkassen gehen. Informieren Sie sich vor dem Eintritt, welche Leistungen Ihnen wichtig sind und welchen Zusatzbeitrag die Kasse Ihrer Wahl erhebt. Aber auch ein späterer Wechsel ist möglich und unkompliziert.

→ Seite 17

Sehr wichtig ist zudem ein Schutz gegen Berufsunfähigkeit, der in jungen Jahren meist günstig und problemlos zu bekommen ist. Achten Sie bei der Berufsunfähigkeitsversicherung auf gute Bedingungen und Möglichkeiten der Nachversicherung, um die Versicherungen später Ihrem Bedarf anpassen zu können.

→ Seite 65

Welchen Versicherungsschutz brauche ich für und mit Kindern?

Wenn Kinder dazukommen, ändert sich wohl alles – auch der bestehende Versicherungsschutz muss überprüft und angepasst werden. Die wichtigste Versicherung ist die Krankenversicherung, diese muss zeitnah über den Nachwuchs informiert werden. In der gesetzlichen Krankenversicherung (GKV) können Kinder im Rahmen der Familienversicherung kostenfrei mitversichert werden. Die privaten Krankenversicherungen (PKV) erheben für jedes Kind einen eigenen Beitrag. Eine Krankenzusatzversicherung für Kinder ist zwar meist nicht teuer, aber auch nicht unbedingt nötig. Alle wichtigen Untersuchungen und Behandlungen sind versichert.

→ Seite 17

Um sich vor finanziellen Folgen von Unfall und Krankheit zusätzlich zu schützen, ist eine Kinderinvaliditätsversicherung sinnvoll.

→ Seite 77

Alternativ die kostengünstigere Unfallversicherung.

→ Seite 79

Auch der Versicherungsschutz der Eltern muss angepasst werden. In der Privathaftpflichtversicherung sollten Schäden deliktunfähiger Kinder mitversichert werden. Das kostet oft nicht viel mehr, erspart im Fall der Fälle aber viel Ärger.

→ Seite 92

Zehn Grundregeln für den richtigen Versicherungsschutz

Diese zehn Regeln helfen Ihnen, einen guten und günstigen Versicherungsschutz zu finden – für sich, Ihre Angehörigen und Ihr Hab und Gut.

1 **Lassen Sie sich nicht von aktuellen Ereignissen in Ihrem Umfeld zu impulsiven Versicherungsabschlüssen verleiten.** Ermitteln Sie ohne Zeit- oder sonstigen Druck von außen Ihre Versorgungslücken, zum Beispiel bei Invalidität, Tod oder Alter. Prüfen Sie Ihre aktuellen Versicherungsverträge und entscheiden Sie dann, was zu tun ist.

2 **Hören Sie nicht auf Freunde, Bekannte, Verwandte und erst recht nicht auf Versicherungsvermittler.** Ihre Freunde meinen es sicherlich gut, aber sie kennen sich in der Versicherungsmaterie meist nicht aus. Und bei Versicherungsvermittlern besteht die Gefahr, dass deren Ratschläge von Provisionsinteressen bestimmt sind.

3 **Lassen Sie sich nicht von Ängsten oder dem Gefühl der Unsicherheit leiten.** Gerade weil es hier um die – häufig teure – Vorsorge gegen ungeliebte Ereignisse wie zum Beispiel Berufsunfähigkeit oder Altersarmut geht, sollten Sie umso überlegter vorgehen.

4 Guter fachmännischer Rat kostet Geld.
Es gibt nichts umsonst, weder im Internet, noch beim Versicherer oder beim Versicherungsvermittler. Wer auf vermeintlich kostenlose Informationen vertraut, geht unnötige Risiken ein, zahlt viel zu hohe Beiträge oder spart in unrentablen Verträgen mit hohem Verlustrisiko an.

5 Lassen Sie keine großen Risiken unversichert.
Beachten Sie das »GAU-Prinzip«! Sichern Sie den »größten anzunehmenden Unfall« ab, das heißt vor allem die existenzbedrohenden Risiken. Dazu gehören die Risiken Tod, Invalidität und Haftpflicht.

6 Setzen Sie nicht darauf, dass Ihnen schon »nichts passieren« wird.
Auch wenn Sie einen Versicherungsschaden für unwahrscheinlich halten, sollten Sie dennoch eventuelle Risiken prüfen. Wer zum Beispiel ein Haus baut und einen Baukran auf dem Grundstück hat, sollte für die Zeit des Baus das Risiko versichern, dass der Kran bei Sturm umfällt und in der Nachbarschaft Schäden anrichtet.

7 Kleinere Risiken müssen nicht versichert werden.
Kündigen Sie bestehende Verträge, bei denen der mögliche finanzielle Schaden im Verhältnis zu den zu zahlenden Prämien gering ist – beispielsweise Reisegepäckversicherungen.

8 Beantworten Sie Antragsfragen penibel und wahrheitsgemäß.
Im Fall der Fälle kann es sonst passieren, dass der Versicherer zwar alle Prämien, die Sie gezahlt haben, behalten darf, aber wegen »vorvertraglicher Anzeigenpflichtverletzung« nicht leisten muss.

9 Kündigen Sie nicht vorschnell.
Erst wenn Sie den neuen Versicherungsschein des Anschlussvertrags in den Händen halten, können Sie die Vorversicherung kündigen. Achten Sie auf den nahtlosen Anschluss der neuen Versicherung.

10 Unterschreiben Sie nicht vorschnell.
Unterschreiben Sie erst dann einen Versicherungsantrag, wenn Sie die Produktinformationsblätter einiger Anbieter gelesen und miteinander verglichen haben sowie alle Versicherungsbedingungen und Vertragsunterlagen schwarz auf weiß besitzen. Vorsicht: Versicherungsvermittler wollen Sie mitunter gern zu voreiligen Abschlüssen drängen.

Wie versichern Sie sich richtig, wenn Sie krank werden?

Eine Krankenversicherung braucht jeder und hat jeder – sollte man zumindest denken. Noch bis ins Jahr 2008 hatten in Deutschland immer noch rund 200.000 bis 300.000 Menschen keine Absicherung für den Krankheitsfall. Daher besteht seit dem 1. Januar 2009 in Deutschland eine allgemeine Krankenversicherungspflicht.

Versicherungspflicht für alle

Alle Personen, die ohne Krankenversicherung sind, müssen in eine private Krankenversicherung eintreten, wenn sie nicht Mitglied in der gesetzlichen Krankenversicherung werden können.

Wenn Sie früher Mitglied einer gesetzlichen Krankenversicherung gewesen und zurzeit nicht krankenversichert sind, sollten Sie sich zunächst bei einer gesetzlichen Krankenversicherung darüber beraten lassen, ob die Voraussetzungen für eine Rückkehr erfüllt sind. Die Kassen sind zu dieser Beratung verpflichtet.

Wer seiner Krankenversicherungspflicht nicht nachkommt, muss später Nachzahlungen entrichten, die möglicherweise erheblich sind und schnell eine Summe von mehreren Tausend Euro ausmachen können.

Wer versichert ist, aber mit zwei oder mehr Monatsbeiträgen in Rückstand gerät, dessen Versicherung ruht so lange, bis diese Rückstände bezahlt sind. Während dieser Zeit leistet der Versicherer ausschließlich für die Behandlung akuter Erkrankungen und Schmerzzustände sowie bei Schwangerschaft. Vorsorgeuntersuchungen werden nur Kindern und Schwangeren bezahlt.

Können Sie nicht in die gesetzliche Krankenversicherung eintreten, sind Sie seit dem 1. Januar 2009 gesetzlich verpflichtet, eine private Krankenversicherung abzuschließen.

Die privaten Versicherer sind verpflichtet, Sie zumindest im Basistarif aufzunehmen. Der Basistarif entspricht in seinen Leistungen den Pflichtleistungen der gesetzlichen Krankenversicherung. Bei Eintritt in diesen Tarif dürfen keine Vorerkrankungen ausgeschlossen oder zum Anlass von Beitragserhöhungen genommen werden. Trotzdem prüft der Versicherer bei Antragsaufnahme die gesundheitlichen Verhältnisse der versicherten Person.

Beamte, Richter, Pensionäre, die keine Ergänzung aus der privaten Krankenversicherung haben, beziehungsweise nicht freiwillig in der gesetzlichen Krankenversicherung sind, haben das Recht, sich über die Beihilfe ergänzend im Basistarif zu versichern. Der Beitrag im Basistarif darf maximal so hoch sein, wie der durchschnittliche Höchstbeitrag in der gesetzlichen Krankenversicherung inklusive des durchschnittlichen Zusatzbeitrags, den die Kassen seit der Reform Ende 2010 erheben dürfen. Dies gilt je Person.

Wenn Sie generell oder zumindest wegen des Beitrags zur Krankenversicherung Leistungen zur Grundsicherung oder aus der Sozialhilfe beziehen müssen, können Sie eine Beitragsverringerung fordern. Die Prämie reduziert sich auf die Hälfte, wenn der Versicherte hilfebedürftig ist oder die Hilfebedürftigkeit durch die Bezahlung der Prämie ausgelöst werden würde. Würde selbst diese halbierte Prämie Hilfebedürftigkeit auslösen, beteiligt sich der Träger der Grundsicherung beziehungsweise der Sozialhilfe an dem verminderten Beitrag.

Gesetzliche und private Krankenversicherung im Vergleich

Um festzustellen, ob und wie Sie sich besser oder günstiger versichern können, stellen Sie zunächst fest, zu welcher Versichertengruppe Sie gehören, und lesen Sie dann gezielt unsere Tipps für Ihre Situation. Auf jeden Fall sollten Sie sich bewusst machen, dass die Entscheidung zum Wechsel in die private Krankenversicherung lebenslange Auswirkungen haben kann, da der Gesetzgeber hohe und in vielen Fällen unüberwindbare Hürden für eine Rückkehr in die gesetzliche Krankenversicherung errichtet hat. Deshalb sollten Sie bei Ihrer Entscheidung nicht nur Ihre momentane Lebenssituation beachten, sondern auch mögliche Änderungen in der Zukunft wie etwa berufliche Rückschläge oder Änderungen der Familiensituation.

Welche Aussage trifft auf Sie zu?

Ich bin in der gesetzlichen Krankenversicherung versichert und möchte mich über meine Möglichkeiten und die verschiedenen Zusatzversicherungen informieren:

Lesen Sie unsere Ratschläge zu Chancen, aber auch zu den Risiken und Nebenwirkungen von Kassenwechsel, Wahltarifen, Zusatzversicherungen und Co. → Seite 24.

Ich bin freiwillig in der Gesetzlichen und möchte mich über einen Wechsel in die private Krankenversicherung beraten lassen: Die wichtigsten Entscheidungspunkte für und wider den Wechsel → Seite 35.

Ich möchte als Mitglied der privaten Krankenversicherung von den Wechselmöglichkeiten profitieren: Unsere Hinweise zum Tarifwechsel bei der eigenen Gesellschaft oder zum Wechsel zu einer anderen Versicherung → Seite 39.

Bei allen Fragen zur privaten und gesetzlichen Krankenversicherung: Die Verbraucherzentralen beraten Sie in vielen Fragen zur gesetzlichen und privaten Krankenversicherung und helfen Ihnen im privaten Krankenversicherungsbereich außergerichtlich, wenn es dort zu Problemen kommt.

Bei allgemeinen Fragen zu den Angeboten im Gesundheitswesen und zu medizinischen und rechtlichen Fragen: Die Unabhängige Patientenberatung Deutschland (UPD) berät Sie unter anderem zu Themen wie Patientenrechte, Kassenleistungen und Behandlungsmöglichkeiten. Die nächste Beratungsstelle und die Möglichkeit zur Online-Beratung finden Sie unter www.unabhängige-patientenberatung.de. Das UPD-Beratungstelefon erreichen Sie unter 0800/011 77 22 montags bis freitags von 8 bis 22 Uhr, samstags von 8 bis 18 Uhr gebührenfrei aus allen Netzen, Beratungen in türkischer Sprache erhalten Sie dort von montags bis samstags von 8 bis 18 Uhr unter 0800/011 77 23, in russischer Sprache im gleichen Zeitrahmen unter 0800/011 77 24 und in arabischer Sprache dienstags von 11 bis 13 Uhr und donnerstags von 17 bis 19 Uhr unter 0800/33 22 12 25.

Die Übersicht auf den nächsten Seiten zeigt, welche Leistungen gesetzliche und private Krankenkassen anbieten und worin die Unterschiede liegen. Die Leistungen einer privaten Krankenversicherung richten sich jedoch stets nach den Konditionen in dem jeweils abgeschlossenen Vertrag beziehungsweise Tarif, daher geben wir hier nur übliche Regelungen wieder, die im Einzelfall anders ausgestaltet sein können.

Die von der privaten Krankenversicherung in der Regel gezahlte höhere Vergütung der Ärzte oder die Befreiung von der Beschränkung auf bestimmte Behandlungsarten kann auch zu unerwünschten Effekten führen: Patienten werden möglicherweise mit Methoden und Medikamenten behandelt, die ihren Nutzen nicht ausreichend nachgewiesen haben oder werden einfach mit zusätzlichen Untersuchungen »überversorgt«.

Leistungsvergleich gesetzlich und privat

LEISTUNGEN	GESETZLICHE KRANKENVERSICHERUNG	PRIVATE KRANKENVERSICHERUNG
Ambulante ärztliche Behandlung	»Ausreichende, zweckmäßige und wirtschaftliche« Behandlung durch Ärzte und Zahnärzte, soweit sie zur Kassenpraxis zugelassen sind und gegen Vorlage einer Krankenversicherungskarte Heilpraktiker sind nicht zugelassen	Freie Wahl unter allen approbierten Ärzten; auf eine Zulassung, die mit einer Überprüfung der fachlichen Qualifikation des Arztes verbunden ist, kommt es nicht an. In der Regel keine Krankenversicherungskarte. Zwischen Arzt und Patient wird ein Behandlungsvertrag abgeschlossen. Der Patient ist zur Bezahlung auch verpflichtet, wenn die private KV nicht (alles) erstattet.
Auslandsschutz	Versicherungsschutz besteht in den EU-Ländern und Ländern, mit denen ein Sozialversicherungsabkommen abgeschlossen wurde. Es werden nur Krankheitskosten in der im Gastland üblichen Höhe ersetzt. Hier kann es zu eigenen Zuzahlungen kommen.	Die Kosten für Behandlungen in Europa sind abgedeckt. Meist auch Schutz für Behandlungen außerhalb Europas von einem Monat. Rücktransport im Krankheitsfall übernehmen nur wenige Versicherer – hier besteht die Gefahr kundenunfreundlicher Regelungen. (Weitere Hinweise zur Auslandsreisekrankenversicherung (→ Seite 135)
Arzneien und Zuzahlungen	Erstattungsfähig sind in der Regel nur verschreibungspflichtige Medikamente. Sind nicht verschreibungspflichtige Medikamente jedoch medizinisch notwendig, werden sie auch erstattet. Umgekehrt werden verschreibungspflichtige Arzneien zum Beispiel bei Erkältungskrankheiten oder Reisekrankheit nicht erstattet. Zuzahlung: 10 Prozent vom Abgabepreis, mindestens 5 Euro, höchstens 10 Euro; begrenzt auf die tatsächlichen Kosten des jeweiligen Mittels. Es gilt die Festbetragsregelung (→ Seite 24)	Auf Rezepte der Ärzte, Zahnärzte und gegebenenfalls Heilpraktiker alle wissenschaftlich allgemein anerkannten Mittel, wenn sie zur Behandlung medizinisch notwendig sind. Der Versicherte zahlt selbst und erhält die Kosten gegen Rechnungsvorlage erstattet.

→

LEISTUNGEN	GESETZLICHE KRANKENVERSICHERUNG	PRIVATE KRANKENVERSICHERUNG
Brillen und Kontaktlinsen	Sehhilfen werden bis zur Vollendung des 18. Lebensjahres erstattet, allerdings nicht das Brillengestell, und Kontaktlinsen nur in Ausnahmefällen. Nach dem 18. Lebensjahr werden die Kosten nur noch bei schweren Sehbeeinträchtigungen übernommen oder wenn diese der Behandlung einer Erkrankung dienen.	Die Tarife sind unterschiedlich. Es werden in der Regel zwischen 50 und 150 Euro für das Gestell ersetzt und Kosten für die Gläser, soweit medizinisch notwendig.
Hilfsmittel	Zuzahlung von 10 Prozent für jedes zum Verbrauch bestimmte Hilfsmittel, jedoch mindestens 5 Euro, maximal 10 Euro; in jedem Fall nicht mehr als die Kosten des Hilfsmittels Es gilt die Festbetragsregelung (→ Seite 24)	Erstattung abhängig vom jeweiligen Tarif
Heilmittel/ häusliche Krankenpflege/ Soziotherapie	Es besteht Anspruch auf häusliche Krankenpflege inklusive hauswirtschaftlicher Versorgung, wenn ein zeitlich begrenzter Bedarf besteht, der nicht über die Pflegekasse zu decken ist und im Haushalt keine Personen leben, die die notwendigen Leistungen erbringen können. Bei psychischen Krankheiten kann Soziotherapie zur Koordination von Behandlungen sowie zur Motivation des Erkrankten im Umfang von maximal 120 Stunden pro drei Jahre in Anspruch genommen werden. Für Heilmittel wie zum Beispiel Massagen oder für die Pflegeleistung hat der Patient 10 Prozent der Kosten selbst zu tragen zuzüglich 10 Euro je Verordnung (bei häuslicher Krankenpflege auf 28 Tage pro Kalenderjahr und 10 Euro je Verordnungstag begrenzt).	Die Kosten für Heilmittel werden vollständig übernommen, wenn medizinische Notwendigkeit besteht. Häufig gibt es Höchstgrenzen, die je nach Tarif schwanken können. Leistungen für die häusliche Krankenpflege sind in der Regel nicht vereinbart. Ebenso wie die Übernahme der Kosten für die Soziotherapie werden diese nur erstattet, wenn sie im Rahmen einer gesonderten Klausel mitversichert sind.

→

Leistungsvergleich gesetzlich und privat

LEISTUNGEN	GESETZLICHE KRANKENVERSICHERUNG	PRIVATE KRANKENVERSICHERUNG
Krankengeld	Das Krankengeld beträgt maximal 70 Prozent des Bruttoeinkommens oder maximal 90 Prozent des Nettoeinkommens. Der geringere Wert ist ausschlaggebend. Es wird maximal für 78 Wochen gezahlt, wobei die Lohnfortzahlung des Arbeitgebers angerechnet wird.	Kann nur durch einen gesonderten Vertragsteil bis meist zur Höhe des regelmäßigen Nettoverdienstes versichert werden. Wenn Krankentagegeld gezahlt wird, sind die Beiträge zur Krankenversicherung trotzdem weiter zu entrichten.
Krankenhaus	Unterbringung in der allgemeinen Pflegekasse. Behandlung durch den zuständigen Arzt. Zuzahlungen in Höhe von 10 Euro täglich für maximal 28 Tage pro Jahr. Wählt der Versicherte ohne zwingenden Grund ein anderes Krankenhaus als das, in das er vom behandelnden Arzt eingewiesen wurde, kann er zur Übernahme daraus resultierender Mehrkosten verpflichtet werden.	Leistungen je nach Tarif unterschiedlich. Von allgemeiner Pflegekasse bis zur Chefarztbehandlung im Einbettzimmer. Freie Wahl des Krankenhauses ist ebenfalls von dem abgeschlossenen Tarif abhängig.
Kinderwunsch und Schwangerschaft	Bei medizinischer Notwendigkeit und hinreichenden Erfolgsaussichten werden meist zwischen dem 25. und 40. Lebensjahr bis zu drei künstliche Befruchtungen zu 50 Prozent von der Kasse erstattet. Während des Bezugs von Erziehungsgeld ist die Krankenversicherung beitragsfrei. Darüber hinaus nur im Rahmen der Familienversicherung.	Grundsätzlich volle Kostenübernahme mit weniger starren Altersgrenzen und ohne Kostenbegrenzung. Teilweise wird Kostenplan vorausgesetzt. Voraussetzung für die Übernahme ist, dass der PKV-Versicherte krank ist und daher ein Kinderwunsch nicht realisiert werden kann. Die Wahrscheinlichkeit des Schwangerschaftseintritts muss durch künstliche Befruchtung mindestens 15 Prozent betragen. Achtung: Einige Tarife schließen Kostenübernahme ausdrücklich aus. Keine Beitragsbefreiung, Arbeitnehmer- und Arbeitgeberanteil sind weiterzuzahlen.

→

LEISTUNGEN	GESETZLICHE KRANKENVERSICHERUNG	PRIVATE KRANKENVERSICHERUNG
Kieferorthopädie	Bei Behandlungsbeginn vor dem 18. Lebensjahr 80 Prozent. Bei zwei oder mehr Kindern ab dem zweiten Kind 90 Prozent. Der Eigenanteil wird nach erfolgreichem Abschluss der Behandlung von der Krankenkasse zurückerstattet. Bei Erwachsenen erfolgt keine Kostenübernahme.	In den meisten Tarifen 80 Prozent. Es gibt aber auch Tarife zwischen 60 und 100 Prozent. Altersgrenzen bestehen nicht.
Zahnbehandlung	Die Kosten werden eigentlich zu 100 Prozent ersetzt, Einschränkungen bei der Materialauswahl; bezüglich der Auswahl von Material und Ausführung gilt aber die Festbetragsregelung (→ Seite 24), was zu deutlichen Zuzahlungen führt.	Die Kosten werden in der Regel fast vollständig ersetzt. Es bestehen aber auch Tarife mit abgespeckten Leistungen.
Zahnersatz	Befundbezogen wurden Festbetragszuschüsse festgelegt, die von den Kassen zu mindestens 50 Prozent, je nach ausgefülltem Bonusheft auch zu 70 oder 80 Prozent erstattet werden. Zur Festbetragsregelung (→ Seite 24)	Viele Tarife sehen die Erstattung von 80 Prozent der Kosten vor, es gibt aber auch Tarife mit weniger Erstattungsumfang oder bis fast 100 Prozent der Kosten.
Sonstige Leistungen	Leistungen zur Krankheitsvorbeugung und Früherkennung, Psychotherapie, Beratung zur Empfängnisverhütung, Schwangerschaftsabbruch, Sterilisation aus medizinischen Gründen, ambulante Palliativversorgung, Haushaltshilfen während schwerwiegender Krankheit, wenn Kinder unter 12 Jahren oder mit Behinderung im Haushalt leben, Hospizleistungen sowie medizinische Rehabilitation	Erstattung abhängig vom jeweiligen Tarif

§ GESETZLICHE GRUNDLAGEN

Festbetragsregelung in der gesetzlichen Krankenversicherung

Für zahlreiche Hilfsmittel, auch für Zahnbehandlungen und Zahnersatz, sieht das Gesetz vor, dass durch zuständige Gremien ein sogenannter Festbetrag festgelegt wird. Auch Arzneimittel sind hiervon betroffen, wobei gleichartige Substanzen zu einer Festbetragsgruppe zusammengefasst werden. Grundsätzlich gilt, dass mit diesen Festbeträgen eine Behandlung möglich sein beziehungsweise ein Hilfsmittel verfügbar sein muss, das eine medizinisch notwendige, ausreichende und zweckmäßige Versorgung ermöglicht.
Soweit sich Versicherte der Gesetzlichen für darüber hinausgehende Versorgungen entscheiden, müssen sie die Mehrkosten aus eigener Tasche bezahlen. Probleme entstehen, wenn diese Festbeträge veraltet sind und dem aktuellen Preisniveau oder dem üblichen Stand der Versorgung zum Beispiel unter Aspekten von Funktionalität oder Ästhetik nicht mehr entsprechen.
Bei der gesetzlichen Krankenversicherung kann der Leistungsumfang jederzeit verändert werden, während bei der privaten Krankenversicherung der Leistungsumfang vertraglich fixiert ist.

Gesetzliche Krankenversicherung

Wahltarife

Neben der »normalen« gesetzlichen Krankenversicherung müssen oder können die Krankenkassen Wahltarife für besondere Versorgungsformen anbieten. Dazu zählen beispielsweise:

Hausarztverträge (geregelt in § 73b SGB V)
Sie verpflichten sich, immer erst zum Hausarzt zu gehen und nur mit einer Überweisung zum Facharzt. Daran sind Sie mindestens ein Jahr gebunden. Wenn Sie dadurch Beiträge sparen können, ist das je nach Ihrer Lebenssituation ein sinnvolles Modell. Wenn Sie aber »nur« Sachgeschenke oder irgendwelche Bonuspunkte dafür erhalten, ist es die Einschränkung der freien Arztwahl nicht wert.

→ TIPP
Prüfen Sie vor Abschluss des Wahltarifs, ob Ihr behandelnder Arzt an dem Hausarztmodell Ihrer Krankenkasse teilnimmt.

(Freiwillige) Teilnahme an besonderen Versorgungsformen
Als DMP (Disease-Management-Programm) werden beispielsweise spezielle Programme für Menschen mit chronischen Krankhei-

ten wie Diabetes oder Asthma bezeichnet. Die teilnehmenden Mediziner müssen sich zusätzlich weiterbilden und nach festgelegten Standards behandeln. Als Patient verpflichten Sie sich, regelmäßig zu Kontrolluntersuchungen zu erscheinen und an bestimmten Schulungen teilzunehmen. Diese Verpflichtung wird mit einer Prämienzahlung oder einem anderen Bonus belohnt. Die Teilnahme an den Behandlungsprogrammen steht Ihnen aber auch ohne den Wahltarif offen. Gleiches gilt für andere spezielle Versorgungsformen wie zum Beispiel die Integrierte Versorgung.

→ **TIPP**

Viele Krankenkassen bieten Bonusprogramme für gesundheits- und kostenbewusstes Verhalten an, und fördern vorbeugende Maßnahmen und Aktivitäten auch mit Zuschüssen. Wenn Sie regelmäßig an Vorsorge- und Früherkennungsuntersuchungen teilnehmen, bieten einige Krankenkassen finanzielle Anreize an, etwa die Ermäßigung von Zuzahlungen. Auf der Webseite Ihrer Krankenversicherung finden Sie weitere Informationen.

Außerdem können die Krankenkassen auch freiwillig Wahltarife anbieten. Von dieser Möglichkeit machen allerdings nicht alle Kassen Gebrauch, sodass Sie unter Umständen wechseln müssen, wenn Sie sich in einem der Tarife versichern möchten.

Privatabrechnung beim Arzt

Wünschen Sie als gesetzlich Versicherter die Privatabrechnung beim Arzt, können Sie einen Wahltarif mit Kostenerstattung bei Ihrer Krankenkasse vereinbaren, allerdings muss sie auch einen solchen Wahltarif im Angebot haben. Sie erhalten von Ihrem Arzt eine Privatabrechnung, als wären Sie in der privaten Krankenversicherung versichert. Diese reichen Sie bei Ihrer gesetzlichen Krankenversicherung ein und erhalten den Betrag erstattet, den die Kasse für Ihre Behandlung als Kassenpatient gezahlt hätte, abzüglich einer Verwaltungskostenpauschale von 5 Prozent. Da die Differenz zwischen Rechnungs- und Erstattungsbetrag erheblich und außerdem nicht kalkulierbar ist und der Arzt nicht dazu verpflichtet ist, Ihnen die Höhe Ihres Eigenanteils vorab zu nennen, sind diese Tarife nicht empfehlenswert.

Krankenhaus

Wenige gesetzliche Krankenkassen bieten für das Krankenhaus einen Wahltarif an. Über diesen werden die Kosten für das Ein- oder Zweibettzimmer oder die Zuzahlung in Höhe von 10 Euro täglich übernommen, nicht aber die Kosten für eine Behandlung durch den Chefarzt.

Zahnersatz

Über diesen Wahltarif erhalten Patienten einen erhöhten Zuschuss für die Kosten des Zahnersatzes, meist allerdings nur bis zum Betrag der Regelversorgung, wobei dies beispielsweise nicht für die Versorgung mit Implantaten reicht.

Alternative Arzneimittel

Die gesetzliche Krankenkasse beteiligt sich im Rahmen dieses Wahltarifs an den Kosten homöopathischer, anthroposophischer oder pflanzlicher Medikamenten bis zu einer bestimmten Höhe. Dabei werden Kosten für Arzneimittel der besonderen Therapierichtungen, wie beispielsweise pflanzliche Medikamente oder anthroposophische Medizin übernommen. Die meisten dieser Medikamente sind nicht mehr im Leistungskatalog der Krankenkassen enthalten, da sie nicht verschreibungspflichtig sind. Gegen einen zusätzlichen Beitrag bieten die Kassen diese Wahltarife an.

Brillengestelle

Die gesetzliche Krankenkasse beteiligt sich im Rahmen dieses Wahltarifs beispielsweise alle drei Jahre mit bis zu 250 Euro an den Kosten für eine Brille.

Krankengeld für Künstler und Publizisten

Publizisten und Künstler, die über die Künstlersozialkasse einer gesetzlichen Krankenversicherung versichert sind, können darüber oft ab der dritten Krankheitswoche ein einkommensabhängiges Krankengeld erhalten.

Selbstbehalt

Sie zahlen bis zu einem bestimmten Betrag die Behandlungskosten selbst und den Rest übernimmt die Kasse. Diesen Tarif sollten Sie nur dann wählen, wenn sicher ist, dass die Beitragsersparnis höher ist als der Selbstbehalt.

Beitragsrückgewähr oder Wahltarif Prämienzahlung

Sie erhalten einen Teil Ihres Beitrags zurück, wenn Sie nicht zum Arzt gehen. Für chronisch Kranke oder Familien mit Kindern ist dieser Tarif in der Regel uninteressant. Junge gesunde Singles können den Tarif wählen.

Bindungsfristen beachten

Bei den zuvor genannten freiwilligen Wahltarifen binden Sie sich oft für mindestens drei Jahre an die Krankenkasse und den Tarif. Bei den Tarifen »Kostenerstattung«, »Arzneimittel der besonderen Therapieeinrichtungen« und »Prämienzahlung« wurde die Bindungsfrist auf ein Jahr verkürzt. Das Sonderkündigungsrecht gilt für den Fall, dass die Krankenkasse Zusatzbeiträge erhebt, diese erhöht oder eine Prämienauszahlung verringert.

Die Kassen sind im Übrigen berechtigt, diese Tarife wieder zu schließen, wenn sie sich zum Beispiel als unwirtschaftlich erweisen. Dies hat für den einzelnen Versicherten zur Folge, dass er wieder in der »normalen« gesetzlichen Krankenkasse versichert wird.

Die Möglichkeit der Kostenerstattung gibt es in der gesetzlichen Krankenversicherung auch außerhalb eines Wahltarifs der Krankenkasse. So können Sie mit einer Bindungsfrist von einem Quartal für alle Behandlungen oder auch einzelne Bereiche (ärztliche, zahnärztliche oder stationäre Behandlung, veranlasste Leistungen) die Krankenkasse in Kenntnis setzen, dass Sie die Kostenerstattung wählen. Da aber auch hier die finanziellen Belastungen und Unwägbarkeiten der oben dargestellten Kostenerstattung anfallen, ist dieser Schritt in aller Regel nicht empfehlenswert.

Private Zusatzversicherungen zur Gesetzlichen

Im Zuge der verschiedenen Gesundheitsreformen wurde in der gesetzlichen Krankenversicherung eine Reihe von Sach- und Dienstleistungen gekürzt, mit Festbeträgen versehen oder vollständig gestrichen. Darüber hinaus wurden Zuzahlungen eingeführt und erhöht. Diese Maßnahmen führen zu einer starken Belastung des Einkommens der Versicherten. Und je umfangreicher die Kürzungen im Bereich der gesetzlichen Krankenversicherung wurden, desto zahlreicher wurden die Angebote privater Zusatzversicherungen.

Darüber hinaus bieten auch die gesetzlichen Krankenkassen in Kooperation mit privaten Versicherungen Zusatzverträge an. Diese sind häufig mit einem Rabatt oder einer vereinfachten Gesundheitsprüfung verbunden. Bevor Sie jedoch ein derartiges Angebot annehmen, sollten Sie prüfen, welche Leistungen Sie versichern möchten und ob diese überhaupt im Paket Ihrer Kasse enthalten sind und wenn ja, ob nicht GKV-unabhängige Tarife eine bessere Wahl darstellen.

Auf den folgenden Seiten erläutern wir, welche Zusatzversicherungen es zur gesetzlichen Krankenversicherung gibt. Es handelt sich dabei mit Ausnahme der Auslandsreisekrankenversicherung mehr oder weniger um Luxusverträge. Informationen zur Auslandsreisekrankenversicherung finden Sie im Kapitel »... wenn Sie auf Reisen gehen?« (→ Seite 135), da sie sowohl für gesetzlich als auch meist für privat versicherte Personen sehr wichtig ist. Anders als in anderen Versicherungssparten werden Sie daher an dieser Stelle darüber hinaus keine konkrete Beratung dahin gehend finden, wem der Abschluss nach objektiven Kriterien zu empfehlen ist. Soweit möglich geben wir Ihnen Entscheidungshilfen, damit Sie für sich selbst überprüfen können, ob der Abschluss tatsächlich notwendig ist.

Stationäre Krankenzusatzversicherung

Haben Sie auch schon einmal in einem Vierbettzimmer zwischen zwei Plaudertäschchen gelegen und wollten eigentlich nur Ihre Ruhe und vom Chefarzt behandelt werden? Oder können Sie sich diese Situation lebhaft vorstellen? Wenn Sie diese Erfahrung nicht machen möchten, sollten Sie über den Abschluss einer stationären Krankenhauszusatzversicherung nachdenken. Diese übernimmt die Mehrkosten, die bei Unterbringung in einem Ein- oder Zweibettzimmer entstehen. Darüber hinaus ersetzt sie die privatärztlich abrechenbaren Kosten, die durch die Behandlung des Chefarztes zusätzlich zu den »normalen« Behandlungskosten entstehen. Der sogenannte Wahlleistungstarif beschränkt sich aber auf solche Leistungen. Der Restkostentarif dagegen übernimmt noch weitere Leistungen. Wie solche Kosten entstehen können, verdeutlicht das folgende Beispiel.

BEISPIEL

Ihr Sohn stürzt beim Inlineskaten und erleidet einen komplizierten Bruch im rechten Unterarm. Sie wohnen in einer kleinen Stadt, die zwar über ein Krankenhaus verfügt, das sich aber keine Spezialisten leisten kann. Zufällig haben Sie gehört, dass sich in der benachbarten Großstadt ein Arzt in der Uniklinik auf die Behandlung komplizierter Unfallbrüche bei Kindern spezialisiert hat. Sie bitten daher den Unfallarzt, Ihr Kind in die Uniklinik einzuweisen. Der Unterschied bei den Tagessätzen der beiden Krankenhäuser beträgt rund 125 Euro pro Tag. Die gesetzliche Krankenversicherung ist lediglich verpflichtet, die Kosten zu ersetzen, die bei Belegung im nächstgelegenen geeigneten Krankenhaus entstehen. Hätten Sie nur den Wahlleistungstarif abgeschlossen, müssten Sie über den normalen Eigenanteil von derzeit zehn Euro hinaus noch für jeden Tag des Krankenhausaufenthaltes 125 Euro aus der eigenen Tasche zahlen. Bei dem Restkostentarif wird neben den privatärztlichen Behandlungskosten und Unterbringungskosten im Ein- oder Zweibettzimmer nach Vorleistung durch die gesetzliche Krankenversicherung auch die Differenz zwischen den Tagespflegesätzen erstattet. Bei den Wahlleistungstarifen würde die Differenz in den Tagespflegesätzen nicht erstattet werden.

Tipps vor Vertragsabschluss

CHECKLISTE

- ☐ Achten Sie darauf, dass Sie auch den Tarif bekommen, den Sie haben möchten. Einige Gesellschaften bieten nämlich sowohl Wahlleistungs- als auch Restkostentarife an, und es gab schon Fälle, bei denen offensichtlich war, dass den Versicherungsvertretern der Unterschied zwischen diesen beiden Tarifen nicht bekannt war.
- ☐ Stellen Sie einen ausführlichen Preis-Leistungs-Vergleich an. Die Unterschiede sind enorm. Viele Verbraucherzentralen bieten direkt vor Ort computergestützte Preis-Leistungs-Vergleiche. Neutrale Informationen finden Sie auch unter: www.test.de
- ☐ Fragen Sie, wann die letzten Beitragserhöhungen stattgefunden haben. War dies innerhalb weniger Jahre der Fall, signalisiert Ihnen damit die Gesellschaft, dass sie in kurzer Zeit mehrfach ihre Tarifberechnungen ändern musste. Dies kann ein Zeichen dafür sein, dass auch in Zukunft mit solchen Erhöhungen zu rechnen ist.
- ☐ Fragen Sie, ob die Gesellschaft einen oder mehrere Tarife mit den gleichen Leistungen anbietet. Einige Versicherer haben in der Vergangenheit ihre alten Tarife geschlossen und nicht weiter angeboten. Da dann in den neu eingeführten Tarifen überwiegend jüngere Menschen versichert sind, die erfahrungsgemäß seltener und vor allem über kürzere Zeiträume ins Krankenhaus müssen, hat die Versicherung mit besonders günstigen Tarifen locken können. Zu einem späteren Zeitpunkt verzeichnen diese Tarife dann überproportional hohe Beitragserhöhungen.
- ☐ Klären Sie, bis zu welcher Höhe gesonderte Arztkosten ersetzt werden. Privatärztliche Leistungen können bei besonders komplizierten Behandlungen zu einem Mehrfachen des üblichen Satzes behandelt werden. Allgemeine Praxis ist hier das 2,3- bis 3,5-fache. In seltenen Fällen berechnen Ärzte jedoch auch höhere Gebühren. Wenn Sie also gar kein Risiko eingehen wollen, schließen Sie Ihren Vertrag bei einer Gesellschaft ab, die einen möglichst hohen Satz übernimmt.
- ☐ Auf keinen Fall sollten Sie einen Zusatztarif abschließen, der nur bei einem unfallbedingten Krankenhausaufenthalt zum Zuge kommt.

Ambulante Krankenzusatzversicherung – Ergänzungstarife

Angesichts der Leistungskürzungen beziehungsweise Erhöhungen der Zuzahlungen in der gesetzlichen Krankenversicherung werden Ergänzungstarife im ambulanten Bereich angeboten. Hierbei erhalten Sie nicht den Status eines Privatpatienten, vielmehr übernimmt der Versicherer den Eigenanteil, den dieser für viele Leistungen erbringen muss. Objektiv betrachtet steht jedoch der Umfang der versicherten Leistungen für Personen mit einem normalen Gesundheitszustand in keinem vernünftigen Verhältnis zu der Höhe der Beiträge.

Mit Vorerkrankungen bekommen Sie einen solchen Vertrag bei einem privaten Anbieter in der Regel nicht. Als Zusatzvertrag über Ihre Kasse bekommen Sie ihn in diesem Fall auch nur dann, wenn die Kasse beziehungsweise der Anbieter, mit dem sie zusammenarbeitet, lediglich eine vereinfachte Gesundheitsprüfung durchführt. Falls Ihnen einzelne Zuzahlungen für Brillen oder Hilfsmittel wirklich finanziell sehr stark zusetzen, sollten Sie eher monatlich einen kleinen Betrag dafür auf die Seite legen. Im Übrigen ist es so, dass auch hier die Leistungen beim privaten Anbieter stark begrenzt sind.

Ambulante Krankenzusatzversicherung – Kostenerstattungstarife

Hat sich ein gesetzlich freiwillig Versicherter bei seiner gesetzlichen Krankenversicherung für das Kostenerstattungsprinzip entschieden, erstattet der private Versicherer über diese ambulante Krankenzusatzversicherung die Kosten, die die gesetzliche Krankenversicherung nicht trägt.

Private Zahnzusatztarife

Private Versicherer bieten Zahnzusatzversicherungen gesetzlich Krankenversicherten über die noch fehlenden 20 bis 50 Prozent der Kosten von Zahnersatz an. Die meisten Versicherer schließen einen Vertrag über eine Zahnzusatzversicherung allerdings nur dann mit Ihnen ab, wenn ihr Zahnarzt Ihnen einen einwandfreien Zahnstatus attestiert. Sind Behandlungen bereits im Gange oder konkret geplant, wird meist kein Versicherungsschutz geboten. Wer gesunde Zähne hat, kann sich diese durch gute Pflege und regelmäßige Kontrollen viele Jahre lang erhalten und benötigt diese Police nicht unbedingt. Er sollte aber, wenn er höherwertigen Zahnersatz wünscht, zumindest regelmäßig einen Betrag sparen.

Zahnzusatztarife bieten häufig nicht den Schutz, den man sich von ihnen erhofft. Sie haben oft eine Reihe von versteckten Ausschlüssen. So werden zum Beispiel die Kosten für die Verblendung der hinteren Zähne von manchen Policen nicht übernommen. Gleiches gilt in vielen Fällen für Inlays. Außerdem kann dennoch ein Differenzbetrag zwischen der von Ihnen gewählten Ausführung der Leistung und dem zu erstattenden Betrag entstehen.

Der Abschluss dieser Versicherung kann sich sogar als Bumerang erweisen: Viele Tarife begrenzten ihre Leistung auf das 2,3-fache der Gebührenordnung für Zahnärzte. Wenn der Zahnarzt für seine privatärztliche Behandlung einen höheren Satz abrechnet, als ihn die Versicherung erstattet, müssen Sie am Ende einen höheren Betrag zahlen, als dies der Fall gewesen wäre, wenn Sie sich ohne Zusatzversicherung im Rahmen der gesetzlichen Krankenversicherung hätten behandeln lassen. Natürlich werden die Versicherer dagegenhalten, dass Sie einen wesentlich besseren Zahnersatz bekommen hätten. Dieses Argument kann jedoch nur bedingt gelten. Denn der Zahnarzt ist verpflichtet, Sie im Rahmen der ärztlichen Heilkunst dem Stand der medizinischen Technik entsprechend zu behandeln. Und die Kasse hat nach dem Sozialgesetzbuch die Aufgabe, die Kosten für medizinisch notwendige Behandlungen zu übernehmen.

Kostengünstige Anbieter von Zusatzversicherungen für die ambulante Behandlung und von Zusatzversicherungen für die Zahnbehandlung lassen sich nicht benennen, da es hier entscheidend auf den Umfang der gewünschten Policen ankommt.

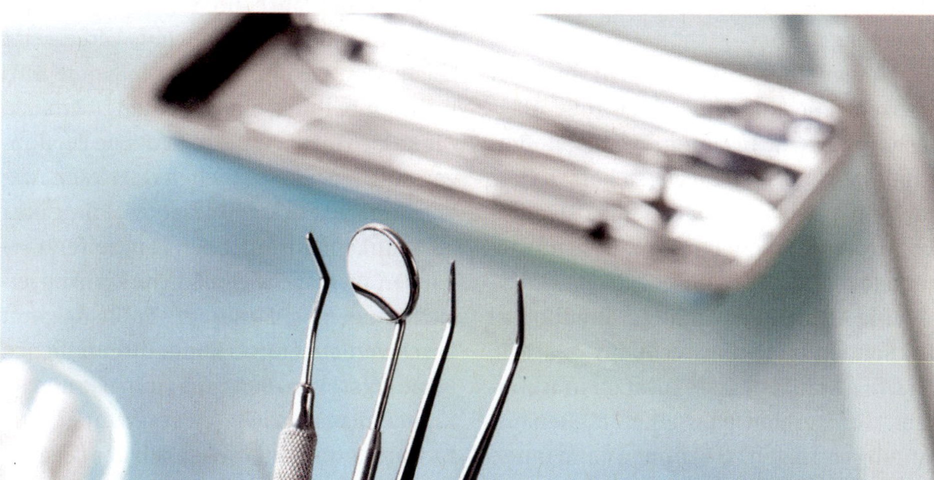

Der Wechsel der gesetzlichen Krankenkasse

Grundsätzlich kann jedes Mitglied einer gesetzlichen Krankenkasse diese unter Berücksichtigung bestimmter Fristen wechseln. Eine Ausnahme gilt nur für versicherungspflichtige Landwirte, Bergleute und Seeleute. Diese bleiben weiterhin Mitglied der landwirtschaftlichen Krankenkassen, der Bundesknappschaft und der Seekrankenkasse. Für die Mitglieder aller anderen gesetzlichen Krankenkassen gilt ein einheitliches Kündigungsrecht. Die Unterscheidung zwischen freiwillig und Pflichtversicherten besteht nicht. Eine Gesundheitsprüfung vor Aufnahme in eine gesetzliche Krankenversicherung ist nicht zulässig.

Kündigungsfristen

Sie können Ihre Mitgliedschaft in einer Krankenkasse mit einer Frist zum übernächsten Monat beenden, wenn Sie dort mindestens 18 Monate versichert waren. Auch ein Arbeitgeber- oder Beschäftigungswechsel berechtigt nicht zur Kündigung innerhalb dieses Zeitraums.

Eine Ausnahme von dieser Bindung ist das Sonderkündigungsrecht für den Fall, dass die Krankenkasse Zusatzbeiträge erhebt, diese erhöht oder eine Prämienauszahlung verringert. Sie können dann innerhalb einer Frist von zwei Monaten nach der Vertragsänderung kündigen – mit Wirkung zum Ende des übernächsten Monats.

Beim Wechsel auf Leistungen achten

Bisher konnten Sie durch den Wechsel einer gesetzlichen Krankenversicherung zunächst einmal erheblich an Beiträgen sparen. Seit dem 1. Januar 2009 spielt dies keine so große Rolle mehr. Der Beitrag bestimmt sich unter anderem nach dem allgemeinen Beitragssatz, der einheitlich geregelt ist, Beitragsunterschiede entstehen aber dadurch, dass Kassen von ihren Mitgliedern Zusatzbeiträge verlangen können, die in festen Eurobeträgen ausgewiesen werden müssen. Diese Entwicklung sollten Sie genau beobachten und gegebenenfalls zum Anlass nehmen, die Gesetzliche zu wechseln.

Sie können aber durch einen Wechsel der Kasse in manchen Bereichen verbesserte Leistungen bekommen. Die folgende Auflistung gibt Ihnen einen kleinen Überblick. Die Kassen bieten unterschiedliche Beratungen zu allgemeinärztlichen oder zahnärztlichen Fragen, zu Medikamenten, Pflege oder zu Krankenhäusern oder Langzeiterkrankungen an. Manche gesetzliche Krankenversicherungen sind »immer für Sie da«, mit Beschwerdetelefon, kundenfreundlichen Beratungszeiten, Beratung zu Hause und im Krankenhaus sowie Vermittlung von Facharztterminen. Im Bereich der Leistungen zur Rehabilitation und Prävention gibt es auch viele Angebote, beispielsweise Behindertensport, Diabetesschulung, Rückenschule oder ein erweitertes Impfangebot, teilweise auch mit Reiseimpfungen.

Bei alternativen Heilmethoden können Sie wählen zwischen Modellversuchen und Regelleistungen.

Freiwillig versicherte Selbstständige haben bei der Wahl des Krankengeldes folgende Möglichkeiten: Das Krankengeld wird grundsätzlich angeboten oder der Versicherte kann wählen, ob er ein Krankengeld haben möchte. Krankengeldzahlung wird ab dem ersten Tag der Arbeitsunfähigkeit oder erst ab einem späteren Tag der Arbeitsunfähigkeit gewährt.

Wie findet man eine »bessere« Kasse?

Die Verbraucherzentralen bieten in ihren Beratungsstellen ständig aktualisierte Übersichten zur Einsichtnahme und Kopie. Einige Zentralen beraten auch telefonisch zu den gesetzlichen Krankenkassen. Bei Bedarf wenden Sie sich einfach an Ihre Verbraucherzentrale, die Adresse finden Sie unter www.verbraucherzentrale.de und ab Seite 173. Die Stiftung Warentest bietet ständig aktualisierte Übersichten und Berechnungen auf www.test.de an.

CHECKLISTE

Tipps für den Kassenwechsel

Anders als beim Wechsel in die Private oder beim Wechsel von einer privaten in eine andere private Krankenversicherung gibt es beim Kassenwechsel nicht sehr viel zu beachten. Wenn Sie die folgenden Tipps beherzigen, sollte der Einstieg in eine andere gesetzliche Krankenversicherung ohne Probleme vonstattengehen:

- ☐ Entscheiden Sie, welche Kriterien für Sie beim Kassenwechsel wichtig sind.
- ☐ Wählen Sie frühzeitig Ihre neue Kasse aus.
- ☐ Senden Sie die Kündigung an Ihre alte und den Antrag auf Neumitgliedschaft bei der neuen Kasse so rechtzeitig ab, dass Sie nicht in Zeitdruck kommen.
- ☐ Senden Sie Ihre Schreiben per Übergabe-Einschreiben oder per Fax und bewahren Sie den Sendebericht auf.
- ☐ Informieren Sie Ihren Arbeitgeber, indem Sie ihm Kopien Ihrer Schreiben vorlegen. Dies gilt insbesondere für die Bestätigung der neuen Mitgliedschaft, damit Ihre Beitragszahlung problemlos geändert werden kann.

Freiwillig in der Gesetzlichen bleiben oder in die Private wechseln?

Eine Auswahl, welche Leistungen die private Krankenversicherung anbietet und welche nicht, finden Sie in der Tabelle ab Seite 20 aufgelistet. Nachfolgend erhalten Sie zunächst Informationen darüber, wer sich überhaupt privat krankenversichern kann. Der Schwerpunkt dieses Kapitels liegt jedoch darin, Ihnen eine Reihe von Kriterien an die Hand zu geben, nach denen Sie entscheiden können, ob es in Ihrem Fall zu empfehlen ist, von der gesetzlichen in die private Krankenversicherung zu wechseln. Im Zuge des zunehmenden Wettbewerbs zwischen den beiden Systemen werben beide Seiten nicht nur um gut verdienende junge Menschen. Die Praxis der letzten Jahre hat vielmehr gezeigt, dass insbesondere die privaten Krankenversicherungen zunehmend auch Selbstständige und deren Familien selbst dann zu locken versuchen, wenn die Eltern schon weit über vierzig sind oder auch beim einen oder anderen Familienmitglied Vorerkrankungen bestehen.

Grundsätzlich sollten Sie sich den Schritt von der Gesetzlichen in die private Krankenversicherung vor allem mit Blick auf die langfristigen Konsequenzen gut überlegen und nicht nur Ihre aktuelle Lebenssituation berücksichtigen.

Wer kann aus der Gesetzlichen in die Private wechseln?

Freiberufler und Selbstständige können unabhängig von der Höhe des Einkommens Mitglied in der privaten Krankenversicherung werden. Dies gilt auch für Beamte. Als Beihilfeberechtigte benötigen sie lediglich einen Teilversicherungsschutz, weil der Dienstherr durch die Beihilfe einen Teil der Behandlungskosten trägt. Die Höhe der Beihilfe ist unterschiedlich, sie richtet sich nach dem Dienstherrn und den für diesen geltenden Vorschriften.

Neben freiberuflich oder selbstständig Tätigen und Beamten können alle Arbeitnehmer in die private Krankenversicherung wechseln, die ein Einkommen erzielen, das mindestens ein Jahr lang über der Versicherungspflichtgrenze oder Jahresarbeitsentgeltgrenze liegt. Es galten und gelten folgende Sätze:

Einkommenssätze für den Wechsel in die PKV

ZEITRAUM	JÄHRLICHES BRUTTO-EINKOMMEN	MONATLICHES BRUTTO-EINKOMMEN
2015	54.900,00 Euro	4.575,00 Euro
2016	56,250,00 Euro	4.687,50 Euro

Einige Entscheidungshilfen pro und contra Wechsel von der GKV in die private Krankenversicherung

Im Folgenden finden Sie eine Reihe von Kriterien, die für oder gegen den Wechsel in die private Krankenversicherung sprechen. Kreuzen Sie die Aussagen an, die auf Sie zutreffen und wägen Sie danach ab, welche Punkte von ihrer Bedeutung her den Ausschlag geben.

Versicherungsbeiträge

Kriterium 1

☐ **Die Kosten für eine private Krankenversicherung sind mir/uns völlig unwichtig. Es kommt mir/uns nur und allein darauf an, bessere (Service-) Leistungen zu haben als in der gesetzlichen Krankenkasse.**

Aus Sicht der Versicherer sind Sie der Idealfall für die private Krankenversicherung. Sie sollten jetzt nur noch die Kriterien 5 bis 9 überprüfen und den Schritt in die Private ausschließlich von Ihrem Gesundheitszustand abhängig machen. Achten Sie auch darauf, ob in Ihrem Vertrag tatsächlich mindestens alle Leistungen der gesetzlichen Krankenversicherung abgedeckt sind.

Kriterium 2

☐ **Ich bin beihilfeberechtigt. Soweit andere Familienmitglieder mitzuversichern sind, sind diese ebenfalls beihilfeberechtigt.**

Unter Beitragsgesichtspunkten sollten Sie eine private Krankenversicherung – Beihilfetarife – über einen privaten Anbieter abschließen. Dadurch, dass Sie beihilfeberechtigt sind, halten sich die Kosten in Grenzen.

Kriterium 3

☐ **Ich bin Arbeitnehmer mit einem Einkommen über der Versicherungspflichtgrenze oder selbstständig oder freiberuflich tätig. Ich bin die Person mit dem höchsten Einkommen in der Familie, und es sind weitere Personen zu versichern.**

Sie sollten sich den Wechsel in die private Krankenversicherung unter Beitragsgesichtspunkten sehr gut überlegen. Selbst bei günstigen Gesellschaften können die Versicherungsbeiträge für die ganze Familie schnell weit über dem höchsten Satz in der gesetzlichen Krankenversicherung liegen, selbst wenn man die Zuzahlungen dabei berücksichtigt.
Weiterhin kann es passieren, dass vormals familienversicherte Personen nun-

mehr nicht mehr im Rahmen der Familienversicherung beitragsfrei über die GKV mitversichert sein können.

§ GESETZLICHE GRUNDLAGEN

Die Beitragsbemessungsgrenze ist Grundlage für die maximale Höhe der zu zahlenden Krankenversicherungsbeiträge in der gesetzlichen Krankenversicherung.

Die gesetzlichen Kassen prüfen regelmäßig, bei wem die Kinder im Rahmen der regelmäßigen Familienversicherung mitversichert sind. Wenn festgestellt wird, dass die Voraussetzungen für die kostenlose Familienversicherung nicht mehr vorliegen, sind Sie gesetzlich verpflichtet, das Versicherungsverhältnis zu beenden. Die Folge wäre, dass Sie für alle einkommenslosen Familienmitglieder entweder freiwillige gesetzliche oder private Krankenversicherungsverträge mit voller Beitragsverpflichtung abschließen müssen. Das kann leicht die Ersparnisse aus dem Wechsel in die private Krankenversicherung übersteigen.

Alter

Kriterium 4

☐ **Die älteste zu versichernde Person ist jünger als 41 Jahre.**

Unter Alterskriterien spricht nichts gegen einen Wechsel in die private Krankenversicherung. Beachten Sie aber, dass sich Ihre Einkommens- und Familiensituation in der Zukunft ändern kann.

Kriterium 5

☐ **Die älteste zu versichernde Person ist älter als circa 41 Jahre.**

Unter Berücksichtigung des Einstiegsalters ist ein Wechsel in die private Krankenversicherung in der Regel nicht zu empfehlen. Sie würden recht spät in die private Krankenversicherung wechseln. Es ist zu befürchten, dass keine ausreichenden Altersrückstellungen aufgebaut werden können. Diese Rückstellungen sollen dazu dienen, starke Beitragsanhebungen im Ruhestand abzufedern. Dazu sind die Versicherer gesetzlich verpflichtet, einen zehnprozentigen Beitragszuschlag auf den jeweiligen Krankenversicherungsbeitrag zu erheben und dieses Geld anzulegen. Es ist jedoch fraglich, ob der relativ kurze Zeitraum, den Sie bis zum Beginn des Ruhestands in der privaten Krankenversicherung verbringen, dazu ausreicht.

Gesundheitszustand

Kriterium 6

☐ **Kein Familienmitglied war in den letzten fünf Jahren in ambulanter oder in den letzten zehn Jahren in stationärer Behandlung.**

Unter Gesundheitsgesichtspunkten spricht nichts gegen den Wechsel in die private Krankenversicherung.

Kriterium 7

☐ **Eines oder mehrere Familienmitglieder waren in den letzten fünf Jahren in ambulanter Behandlung. Dabei ging es um einmalig auftretende Gesundheitsstörungen.**

oder

☐ **Eines oder mehrere Familienmitglieder waren in den letzten zehn Jahren in stationärer Behandlung. Dabei ging es um einmalig auftretende Gesundheitsstörungen.**

Die Behandlung wegen einmalig auftretender Gesundheitsstörungen muss noch nicht bedeuten, dass eine private Krankenversicherung Sie nicht mehr nimmt. Sie sollten jedoch bei der Antragstellung besonders sorgfältig vorgehen: Beantworten Sie alle Fragen nach Ihrem Gesundheitszustand exakt und ehrlich. Falls Sie unsicher sind, können Sie gegebenenfalls mithilfe Ihres behandelnden Arztes den Antrag auf Krankenversicherung ausfüllen.
Sie sollten nur dann einen Wechsel in die private Krankenversicherung in Erwägung ziehen, wenn Sie einen Versicherer finden, der Sie trotz Ihrer Vorerkrankungen ohne Risikoausschlüsse und/oder -zuschläge versichert. Bei Risikoausschlüssen besteht die Gefahr, dass Sie insbesondere bei im Alter wiederkehrenden Gesundheitsstörungen mit hohen Behandlungskosten rechnen müssen, die nicht von Ihrer Versicherung übernommen werden.
Beitragszuschläge können dazu führen, dass Sie den Versicherungsschutz zum Beispiel im Ruhestand nicht mehr bezahlen können. Diese werden im gleichen Maß erhöht wie der »normale« Beitrag.

Kriterium 8

☐ **Eines oder mehrere Familienmitglieder waren in den letzten fünf Jahren in ambulanter Behandlung. Dabei ging es um Gesundheitsstörungen, die wiederkehren können.**

oder

☐ **Eines oder mehrere Familienmitglieder waren in den letzten fünf Jahren in stationärer Behandlung. Dabei ging es um Gesundheitsstörungen, die wiederkehren können.**

Sie sollten nur dann eine Entscheidung für die private Krankenversicherung treffen, wenn man Sie ohne »Wenn und Aber« aufnimmt. Will man schon bei Vertragsbeginn bestimmte Risiken aus dem Versicherungsschutz herausnehmen, ist die private Krankenversicherung für Sie kein Thema.

Private Krankenversicherung

Art und Umfang der versicherten Leistungen der privaten Krankenversicherung hängen einerseits von Ihrem Absicherungswunsch, andererseits davon ab, welchen Beitrag Sie zahlen möchten und können.

Geht es Ihnen darum, einen möglichst geringen Beitrag zu zahlen, sollten Sie den ausgewählten Versicherer nach einem Tarif fragen, der ungefähr die Leistungen der gesetzlichen Krankenversicherung beinhaltet.

Dieses Vorgehen kann jedoch auf längere Sicht von Nachteil sein: Bei steigendem Alter und sich eventuell verschlechterndem Gesundheitszustand ist es meist nicht möglich, später in einen Tarif mit besseren Leistungen zu wechseln. Ist zum Beispiel in einigen Jahren aufgrund einer neuen Erkrankung zu befürchten, dass Krankenhausaufenthalte auf Sie zukommen, wird die Versicherung auch nicht gegen Beitragszuschläge bereit sein, die Chefarztbehandlung und die Unterbringung im Einzelzimmer zu vereinbaren.

Problematisch ist auch, dass Sie durch Vereinbarung eines Tarifs mit eingeschränkten Leistungen auf einem Teil der Behandlungskosten »sitzen bleiben« können. Als privat Versicherter schließen Sie mit Ihrem Arzt einen privatrechtlichen Behandlungsvertrag ab. Im Rahmen dieses Vertrags ist es dem Arzt gestattet, seinem Privatpatienten den bis zu 3,5-fachen Satz einer Behandlungsgebühr zu berechnen, wenn seine Behandlung umfassender oder komplizierter war. Haben Sie aber mit Ihrem Versicherer lediglich den Ersatz entsprechend der gesetzlichen Krankenversicherung vereinbart, müssen Sie den Rest des Arzthonorars selbst tragen oder Sie müssen immer darauf achten, dass Sie mit den behandelnden Ärzten stets nur den versicherten Gebührensatz vereinbaren.

Sinnvoller ist es daher, einen Tarif zu wählen, der die Kosten für die ambulante und stationäre Behandlung vollständig abdeckt. Im Bereich der zahnärztlichen Versorgung sehen die Tarife in der Regel vor, dass nur ein prozentual fixierter Anteil der Kosten für einen Zahnersatz übernommen wird und häufig damit keine hundertprozentige Übernahme erfolgt.

Um trotz umfassender Leistungen einen möglichst geringen Beitrag zu zahlen, können Sie einen Selbstbehalt vereinbaren. Das

bedeutet, dass Sie zum Beispiel die Kosten für die ambulante Behandlung bis zu einem vorher vereinbarten Betrag selbst tragen. Erst wenn dieser überschritten wird, setzen die Leistungen der Versicherung ein. Der Selbstbehalt bezieht sich auf das Jahr, nicht auf jede einzelne Behandlung. Übersteigen zum Beispiel die Behandlungskosten schon im März den Selbstbehalt, übernimmt die Gesellschaft für den Rest des Jahres die Kosten zu 100 Prozent.

Kommt es Ihnen eher auf die besseren (Service)Leistungen in der privaten Krankenversicherung an, können Sie zum Beispiel die Behandlung durch den Chefarzt im Einzelzimmer oder die Übernahme von Kurkosten vereinbaren.

Beiträge sparen durch Tarifwechsel

Wechsel im Vollkostentarif für Personen unter 40 Jahren zu einer anderen Gesellschaft

Alle paar Jahre – meist kurz vor oder nach Weihnachten – gibt es bei vielen privaten Krankenversicherern eine unschöne Bescherung: Sie erhöhen die Beiträge. Wenn Sie unter 40 Jahre alt und gesund sind, ist dies kein großes Problem. Sie sollten die Gesellschaft wechseln. Insbesondere dann, wenn bereits mehrere Beitragserhöhungen durchgeführt wurden. Zwar können Sie Ihre Altersrückstellungen nicht »mitnehmen«, wenn der Vertrag vor dem 1. Januar 2009 abgeschlossen worden ist. Aber Ihnen verbleibt bis zum Ruhestand noch genug Zeit, diese neu aufzubauen. Ist der Vertrag ab dem 1. Januar 2009 geschlossen worden, kann nur die Hälfte der Altersrückstellungen, die im Basistarif angesammelt worden wären, zu einer anderen Gesellschaft mitgenommen werden.

Wechsel nach Beitragserhöhungen für Personen ab 40 Jahren zu einer anderen Gesellschaft

Meist sollten Sie ab einem Alter von mehr als circa 40 Jahren den Verlockungen mancher Versicherer nicht nachgeben, Ihren derzeitigen Vertrag zu kündigen und zu einer anderen Gesellschaft wechseln. In diesem Fall würde auch eine erneute Gesundheitsprüfung durchgeführt, und zur Prämienberechnung wird der Jetztzustand herangezogen. Dies kann dazu führen, dass Vorerkrankungen mit einem hohen Risikozuschlag oder einem vollständigen Leistungsausschluss bedacht werden. Schon der ärztlich diagnostizierte Verdacht auf bestimmte Erkrankungen kann dazu ausreichen. Entweder steigen die Prämien, oder Ihr Versicherungsschutz nimmt ab.

Darüber hinaus raten wir bei Verträgen, die vor dem 1. Januar 2009 geschlossen wurden, von einem solchen Schritt ab, weil nach derzeitigem Recht die von Ihrer jetzigen Gesellschaft gebildeten Rücklagen zur Beitragsentlastung im Alter nicht auf die neue Gesellschaft übertragen werden. Ein Versicherungsnehmer kann nur bei Verträgen, deren Vertragsbeginn nach dem 31. Dezember 2008 liegt, nach der Gesundheitsreform vom »alten« Versicherer verlangen, dass die Altersrückstellungen, die im Vollkostentarif für die darin enthaltenen Basisleistungen geschaffen wurden, übertragen werden.

Wechsel innerhalb des Tarifsystems beim bisherigen Versicherer

Soweit noch nicht ausgeschöpft, haben Sie beim bisherigen Versicherer mehrere Möglichkeiten, Ihre Prämie zu senken:

Tarifwechsel bei gleichen Leistungen: Manche Gesellschaften haben in der Vergangenheit alte Versicherungstarife »geschlossen«, also nicht mehr angeboten, und hinzukommende – meist junge – Versicherte in neu geschaffene Tarife aufgenommen. Das bedeutete, dass die älteren Menschen sich dann nach und nach nur noch allein in diesen Tarifen befanden. Da ältere Menschen mehr und aufwendigere Behandlungen haben, wuchsen in diesen geschlossenen Tarifen die Behandlungskosten und damit die Beitragssätze überproportional an. Verlangen Sie unter Berufung auf das Versicherungsvertragsgesetz, dass man Sie aus diesen geschlossenen Tarifen in einen aktuell angebotenen Tarif mit gleichen Leistungen aufnimmt. Sie haben darauf einen Anspruch, der ausdrücklich gesetzlich geregelt ist.

Auch haben viele Versicherer mit Wirkung ab 1.1.2016 eine Selbstverpflichtung unterschrieben, in der feste zeitliche Fristen für derartige Maßnahmen fixiert sind.

Wechsel in einen Tarif mit besseren Leistungen: Ebenso haben Sie einen Anspruch, dass Ihr Vertrag unter Anrechnung der bisherigen Rechte und Altersrückstellungen in einem anderen Tarif mit besseren Leistungen weitergeführt wird, wenn zum Beispiel kein Tarif mit gleichen Leistungen angeboten wird.

In diesem Fall hat Ihr Versicherer allerdings das Recht, hinsichtlich der besseren Leistungen einen Leistungsausschluss oder einen Risikozuschlag gegebenenfalls mit zusätzlicher Wartezeit zu verlangen. Den Risikozuschlag mit Wartezeit können Sie abwenden, wenn Sie einen Leistungsausschluss akzeptieren.

→ TIPP

Einen konkreten Preis-Leistungs-Vergleich für Sie selbst und Ihre Familie können Sie bei vielen Verbraucherzentralen erstellen lassen; Adressen unter: www.verbraucherzentrale.de. Die Stiftung Warentest bietet diesen Service unter www.test.de ebenfalls an.

Wechsel in den Standardtarif (Vertragsschluss vor dem 1. Januar 2009)

Waren Sie vor dem 1. Januar 2009 Mitglied in der privaten Krankenversicherung, können Sie bei zu hohen Beitragszahlungen im derzeitigen Tarif in den Standardtarif wechseln. Das bedeutet, dass dann mit Einschränkungen nur noch die Leistungen versichert werden, die auch die gesetzlichen Krankenkassen ihren Versicherten anbieten. Die Einschränkungen sind recht vielfältig und können hier nicht abschließend aufgezählt werden. Wenn Sie vor der Entscheidung stehen, in den Standardtarif zu wechseln, sollten Sie sich unbedingt sowohl von Ihrem Versicherer als auch von Ihrer Verbraucherzentrale beraten lassen.

Allerdings ist ein solcher Wechsel nur dann sinnvoll, wenn Ihr behandelnder Arzt Sie auch als Privatpatient zum Satz der gesetzlichen Krankenkassen behandeln würde. Andernfalls besteht die Gefahr, dass Sie einen großen Anteil der ärztlichen Behandlungskosten selbst zu tragen haben. Die Standardtarife sehen in der Regel einen Kostenersatz in Höhe des 1,8-fachen Gebührensatzes vor. Privatärztliche Behandlungen werden jedoch oftmals mit dem 2,3-fachen bis 3,5-fachen Satz berechnet. Finden Sie keinen Arzt, der bereit ist, zum 1,8-fachen Satz abzurechnen, lohnt der Wechsel nicht.

Wechsel in den Basistarif (Vertragsschluss ab dem 1. Januar 2009)

Sie haben sich nach dem 1. Januar 2009 privat versichert und müssen jetzt schon feststellen, dass Ihr Versicherer nicht mit dem Geld umgehen kann? Sie können aber aus Alters- oder Gesundheitsgründen nicht mehr in den Vollkostentarif eines anderen Anbieters wechseln oder in die Gesetzliche zurückkehren? Dann haben Sie zwar nicht mehr die Möglichkeit, in den zuvor beschriebenen preisgünstigen Standardtarif zu wechseln. Sie können aber vom jetzigen oder jedem beliebigen anderen Versicherer verlangen, dass man Sie im sogenannten Basistarif aufnimmt. Dessen Leistungen entsprechen denen der gesetzlichen Krankenversicherung.

Beim Anbieterwechsel muss Ihr ehemaliger Versicherer dem neuen Versicherer die Altersrückstellungen überschreiben, die er für die Leistungen des Basistarifs zurückgelegt hat.

Der Basistarif enthält aber in der Regel nicht alle Leistungen, die Sie mit Ihrem »alten« Versicherer vereinbart hatten. Sie können deshalb vom bisherigen Versicherer verlangen, diese Leistungen im Rahmen von Zusatzversicherungen weiterzuversichern. Betroffen davon sind beispielsweise die Unterbringung im Zweibettzimmer, die Behandlung durch den Chefarzt oder die Übernahme der Kosten für homöopathische Medizin. In diesem Zusatzvertrag müssen die nicht übertragbaren Altersrückstellungen angerechnet werden.

Allerdings gibt es mit diesem neuen Verfahren noch keine langfristigen Erfahrungen. Wir raten, diesen Weg nur zu gehen, wenn Sie nach den Vergleichstests zum Beispiel der Stiftung Warentest und Ihren eigenen Erfahrungen zu dem Ergebnis kommen, dass Ihr Versicherer zu teuer ist oder Leistungen nicht erbracht hat.

Der Wechsel in den Basistarif bedeutet derzeit meist einen Beitrag auf der Höhe des Höchstbeitrags in der gesetzlichen Krankenversicherung (rund 618,68 Euro seit Januar 2016; hinzu kommt der Beitrag für die Pflegepflichtversicherung).

Wenn Sie in einen Basistarif wechseln (müssen), informieren Sie unbedingt Ihren Arzt darüber. Denn Sie sind dann in einem Tarif, dessen Leistungen denen der gesetzlichen KV entsprechen. Ihr Arzt ist verpflichtet, die Behandlungskosten anzupassen. Das ist in der Regel ein Kostenersatz in Höhe des 1,8-fachen Gebührensatzes. Privatärztliche Behandlungen werden jedoch oftmals mit dem 2,3-fachen bis 3,5-fachen Satz berechnet.

Selbstbehalt vereinbaren oder erhöhen

Wenn Sie die bisher beschriebenen Wege nicht gehen können oder wollen, können Sie durch Vereinbarung eines Selbstbehalts beziehungsweise Erhöhung des Selbstbehalts auch Beiträge sparen. Die Vereinbarung

eines Selbstbehalts bedeutet, dass Sie von den jährlich anfallenden Behandlungskosten zunächst einen bestimmten Betrag selbst zahlen. Erst wenn dieser Betrag überschritten wird, leistet die Versicherungsgesellschaft. Im Gegenzug dafür erhebt die Versicherungsgesellschaft einen geringeren Beitrag. Die Beitragsersparnis ist in der Regel erheblich größer als der Selbstbehalt. Kontrollieren können Sie dies, indem Sie folgende Rechnung aufstellen: **Monatlicher Beitrag für die Private Krankenversicherung x 12 + Selbstbehalt**
In der nebenstehenden Beispielrechnung wird ein Maximalaufwand für die jährlichen Krankheitskosten überschlagen.

BEISPIEL

Der Gesamtbeitrag beträgt ohne Selbstbehalt im Jahr:	5.100 Euro
Der Gesamtbeitrag beträgt mit Selbstbehalt im Jahr:	4.000 Euro
Der Selbstbehalt beträgt:	400 Euro

Selbst wenn Sie den gesamten Selbstbehalt ausschöpfen, sparen Sie im Jahr gegenüber dem Tarif ohne Selbstbehalt 700 Euro. Sollten Sie bereits einen Selbstbehalt vereinbart haben, lassen Sie sich dennoch ein Angebot für einen höheren Selbstbehalt erstellen. Wird der Vertrag im laufenden Versicherungsjahr umgestellt, lassen Sie sich genau informieren, wie hoch der Selbstbehalt konkret für dieses Jahr ist. Denn für dieses Versicherungsjahr setzt er sich aus einer »Mischung« der beiden Selbstbehalte zusammen.

Wie versichern Sie sich richtig, um im Pflegefall ausreichend abgesichert zu sein?

Nach Einführung des Pflegeversicherungsgesetzes ist jeder Krankenversicherte – sowohl der gesetzlich als auch der privat Versicherte – automatisch auch in einer Pflegeversicherung. Sie bietet keine Vollversicherung für den Pflegefall, sondern nur eine Teilabsicherung.

Pflegepflichtversicherung

Die Pflegepflichtversicherung leistet abhängig davon, in welchem Umfang der Pflegebedürftige Hilfe benötigt. Durch die Verabschiedung des Pflegestärkungsgesetzes II befindet sich die Pflegeversicherung im Umbruch. Bisher wurden drei Pflegestufen unterschieden. Mit dem Zweiten Pflegestärkungsgesetz wird bereits seit dem 1. Januar 2016 ein neuer Pflegebedürftigkeitsbegriff und ein anderes Begutachtungsverfahren angewendet.

Im Rahmen des Begutachtungsverfahrens, des sogenannten „Begutachtungsassessments“ (NBA), wird festgestellt, was der Betroffene noch kann, und nicht mehr, was er nicht mehr kann. Insbesondere kann so auch der Hilfe- und Betreuungsbedarf von Menschen mit kognitiven oder psychischen Einschränkungen Berücksichtigung finden.

Mit dem 1. Januar 2017 wird nun auf das neue Begutachtungssystem mit fünf Pflegegraden umgestellt, das Menschen mit Demenz beziehungsweise einer „Einschränkung der Alltagskompetenz“ eher gerecht wird. Wichtig zu wissen: Es wird niemand schlechtergestellt im Vergleich zu den alten Regelungen.

Die Überleitung von Pflegestufen in Pflegegrade soll zum 1. Januar 2017 automatisch erfolgen: Menschen, die bereits eine Pflegestufe haben, werden ohne eine neue Begutachtung in das neue System übergeleitet.

→ Menschen mit körperlichen Einschränkungen werden dem nächsthöheren Pflegegrad zugeordnet.
→ Menschen, bei denen zusätzlich eine erhebliche Einschränkung der Alltagskompetenz festgestellt wurde, werden direkt in den übernächsten Pflegegrad eingestuft.

Wie bislang die Pflegestufen richten sich auch die neuen Pflegegrade danach, wie viel Hilfe jemand benötigt.

→ Pflegegrad 1 – geringe Beeinträchtigung der Selbstständigkeit
→ Pflegegrad 2 – erhebliche Beeinträchtigung der Selbstständigkeit
→ Pflegegrad 3 – schwere Beeinträchtigung der Selbstständigkeit
→ Pflegegrad 4 – schwerste Beeinträchtigung der Selbstständigkeit
→ Pflegegrad 5 – schwerste Beeinträchtigung der Selbstständigkeit mit besonderen Anforderungen an die pflegerische Versorgung.

Von Pflegestufen zu Pflegegraden

BIS DEZEMBER 2016	AB JANUAR 2017
Pflegestufe 0 mit eingeschränkter Alltagskompetenz Pflegestufe I	Pflegegrad 2
Pflegestufe I mit eingeschränkter Alltagskompetenz Pflegestufe II	Pflegegrad 3
Pflegestufe II mit eingeschränkter Alltagskompetenz Pflegestufe III	Pflegegrad 4
Pflegestufe III mit eingeschränkter Alltagskompetenz Pflegestufe III plus Härtefall und/oder eingeschränkter Alltagskompetenz	Pflegegrad 5

Je höher der Pflegegrad, desto höher sind auch die Leistungen, die die Pflegebedürftigen erhalten.

Der neue Pflegegrad 1 kommt gerade Menschen finanziell zugute, die zu Hause bleiben, Pflegegrad 5 deckt auch die Härtefälle ab.

→ BUCHTIPP

Weitere Informationen finden Sie im Ratgeber »Pflegefall – was tun?« unter: www.vz-ratgeber.de

Bei allen Pflegestufen war neben der Art der Hilfe auch der Zeitfaktor zu berücksichtigen, bei den Pflegegraden entfällt nun das Zählen von Minuten.

Die Pflegekasse muss das Ergebnis ihrer Prüfung spätestens fünf Wochen nach Antragstellung auf Anerkenntnis der Pflegebedürftigkeit in Form eines Bescheids mitteilen.

Die Begutachtung muss innerhalb von einer Woche erfolgen. Über das Ergebnis ist der Antragsteller unverzüglich zu informieren. Hält die Kasse die Frist nicht ein, muss sie für jede Woche Fristüberschreitung 70 Euro Strafe an den Versicherten zahlen.

Die Höhe der Leistungen ist davon abhängig, ob der Pflegebedürftige in einem Heim lebt oder ambulant von Fachkräften oder zu Hause von Angehörigen gepflegt wird.

Welche Leistungen der Pflegeversicherung Personen mit den Pflegegraden 2 bis 5 erhalten, zeigt die Übersicht auf den Seiten 48 und 49.

Personen mit dem Pflegegrad 1, die nur wenig personelle Unterstützung (Teilhilfe bei Selbstversorgung, Verlassen der Wohnung, Haushaltsführung) benötigen, können sich nun für Hilfen, die sie im Alltag unterstützen, bis zu 125 Euro erstatten lassen. Wer in einem Pflegeheim wohnt, erhält 125 Euro als Zuschuss. Dies betrifft vor allem Personen, die nach dem alten System gar keinen Anspruch auf Leistungen der Pflegeversicherung hatten.

→ TIPP

Weitere Informationen zur Umstellung erhalten Sie unter: www.verbraucherzentrale.de/pflege-2017

Unverändert stellt die Pflegepflichtvercherung aber auch in ihrer Neufassung ab dem 1. Januar 2017 nur eine Teilabsicherung dar, selbst wenn geistig und psychische Beeinträchtigungen nunmehr verstärkt eingeschlossen sind.

Die Leistungen der Pflegepflichtversicherung

LEISTUNG		PFLEGEGRADE			
		2		3	
Pflegegeld	ab 2017		316 Euro		545 Euro
	bis 2o16	(Pst 0) (Pst I)	123 Euro 244 Euro	(Pst I + eA) (Pst II)	316 Euro 458 Euro
Pflegesachleistungen	ab 2017		689 Euro		1.298 Euro
	bis 2o16	(Pst 0) (Pst I)	231 Euro 468 Euro	(PstI + eA) (Pst II)	689 Euro 1.144 Euro
Tages- und Nachtpflege	ab 2017		689 Euro		1.298 Euro
	bis 2o16	(Pst 0) (Pst I)	123 Euro 468 Euro	(Pst I + eA) (Pst II)	689 Euro 1.144 Euro
Vollstationäre Pflege	ab 2017		770 Euro		1.262 Euro
	bis 2o16	(Pst I)	1.064 Euro	(Pst I + eA) (Pst II)	1.064 Euro 1.330 Euro

Pst = Pflegestufe, eA = eingeschränkte Alltagskompetenz

Private Pflegezusatzversicherungen

Bei der Gegenüberstellung der Kostenübernahme durch die Pflegepflichtversicherung zu den tatsächlich anfallenden Kosten stellte die Stiftung Warentest fest, dass bei der Pflege im Pflegeheim und auch bei der professionellen Hilfe zu Hause der Pflegebedürftige einen Großteil der Kosten selbst tragen muss.

Steht dem Pflegebedürftigen kein Einkommen oder Vermögen zur Verfügung, um den Restbetrag zu decken, kann Hilfe zur Pflege beim Sozialamt beantragt werden. Gegebenenfalls sind aber insbesondere Kinder zum Unterhalt verpflichtet.

4		5	
	728 Euro		901 Euro
(Pst II + eA) (Pst III)	545 Euro 728 Euro	(Pst III + eA)	728 Euro
	1.612 Euro		1.995 Euro
(Pst II + eA) (Pst III)	1.298 Euro 1.612 Euro	(Pst III + eA) (Pst III + Härte)	1.612 Euro 1.995 Euro
	1.612 Euro		1.995 Euro
(Pst II + eA) (Pst III)	1.298 Euro 1.612 Euro	(Pst III + eA)	1.612 Euro
	1.775 Euro		2.005 Euro
(Pst II + eA) (Pst III)	1.330 Euro 1.612 Euro	(Pst III + eA) (Pst III + Härte)	1.612 Euro 1.995 Euro

Eine bestehende Versorgungslücke kann durch eine private Pflegezusatzversicherung zum Teil oder ganz ausgeglichen werden.

→ BUCHTIPP

Ausführliche Hinweise zum Thema finden Sie in dem Ratgeber »Private Kranken- und Pflegezusatzversicherungen«: www.vz-ratgeber.de

Pflegetagegeldversicherung

Pflegetagegeldtarife leisten ein Pflegetagegeld, abhängig von der Pflegestufe und dem versicherten Tagessatz. Das volle Pflegetagegeld wird ab dem Pflegegrad 4 gezahlt.

Der Nachteil der Pflegetagegeldversicherung besteht darin, dass die meisten Policen sich nicht der Kostenentwicklung anpassen. Das ursprünglich abgeschlossene Pflegetagegeld erhöht sich meist weder im Vorfeld noch im Leistungsbezug. Die meisten Versicherer erlauben allerdings in zeitlichen Intervallen dynamische Erhöhungen.

Der Vorteil der Pflegetagegeldversicherung liegt darin, dass der Pflegebedürftige über die Tagegelder nach seinem Willen verfügen kann.

Pflege-Bahr

Am 1. Januar 2013 wurde eine Pflegetagegeldversicherung als staatlich geförderte ergänzende Pflegezusatzversicherung (GEPZ)/Pflege-Bahr im Rahmen des Pflege-Neuausrichtungs-Gesetzes (PNG) eingeführt.
Im Unterschied zu den ungeförderten Pflegetagegeldtarifen spielt bei Abschluss des geförderten Vertrags der Gesundheitszustand des Versicherten keine Rolle. Individuelle Risikozuschläge dürfen nicht vereinbart werden. Ab dem Pflegegrad 4 müssen dem Versicherten mindestens 600 Euro monatlich zugesagt werden. Allerdings müssen auch in allen anderen Pflegegraden Leis-

tungen zugesagt werden. Für einen Vertrag, der die Fördervoraussetzungen erfüllt, erhält der Versicherte 60 Euro staatliche Zulage jährlich. Den Anspruch auf Zulage haben gesetzlich oder privat Pflegeversicherte ab dem 18. Lebensjahr.

Pflegeergänzungsversicherung

Pflegekostentarife in Form einer Ergänzungsversicherung bieten eine Kostenerstattung verbleibender Restkosten, nachdem die gesetzliche Pflegeversicherung in Vorleistung getreten ist. Bei diesem Tarif tragen Sie allerdings in der Regel einen Teil der Kosten weiterhin selbst, und es werden nur die Kosten professioneller Pflegedienste übernommen. Die Kosten privater häuslicher Pflege durch Angehörige werden nicht ersetzt. Oft ist die Leistung aus Pflegeergänzungsversicherungen auf einen jährlichen Höchstbetrag begrenzt.

Nachteil dieser Pflegeergänzungspolicen ist, dass der Versicherungsnehmer die Kosten belegen muss und dass er nicht frei über die Mittel verfügen kann.

Von Vorteil ist, dass die Ergänzungspolicen sich der Kostenentwicklung flexibel anpassen.

Pflegerentenversicherung

Auch in Form einer Pflegerentenversicherung wird zusätzlicher Versicherungsschutz für den Pflegefall geboten. Die Pflegerentenversicherung zahlt eine monatliche lebenslange Rente, wenn die versicherte Person pflegebedürftig wird.

Von Nachteil ist die Ungewissheit darüber, wie hoch die Leistung aus der Pflegerentenversicherung bei Eintritt des Versorgungsfalles letztlich ausfällt. Werden Gewinne erwirtschaftet, erhöhen sich bei den meisten Versicherern die Renten. Wie hoch die Überschüsse in der Zukunft sein werden, ist nicht vorhersehbar und garantiert. Daher kann man sich nur auf die garantierte Rente bei Pflegebedürftigkeit verlassen.

Als Vorteil ist anzusehen, dass der Beitrag festgeschrieben ist und sich während der Versicherungsdauer – anders als bei der Pflegetagegeldversicherung der privaten Krankenversicherer – nicht erhöht.

Fazit

Falls Sie den Abschluss einer Pflegezusatzversicherung wünschen, sollten Sie aufgrund Ihrer persönlichen Situation prüfen, ob und welches Versicherungsprodukt das Richtige ist. Sollten Sie bereits Vorerkrankungen haben, die sich bei der Gesundheitsprüfung ungeförderter Produkte nachteilig auswirken sollten, raten wir Ihnen, den geförderten Pflegetagegeldtarif zu wählen

→ Seite 49. Vor allem bereits Erkrankte, die die Gesundheitsprüfung in einem ungeförderten Vertrag nicht »bestehen« würden, sollten über den Abschluss einer geförderten Pflegetagegeldversicherung nachdenken, da diese ohne Einschränkungen aufgrund des Gesundheitszustands zu erhalten ist.

→ TIPP

Wählen Sie einen Versicherer, der möglichst wenig Kosten für seine Verwaltung und Vertreter aufwendet. Regelmäßige Preis-Leistungs-Vergleiche finden Sie in der Zeitschrift Finanztest der Stiftung Warentest.

First Quarter
2:29 PM

Wie versichern Sie sich richtig gegen vorübergehende Einkommensausfälle?

Falls Sie krank werden und vorübergehend ausfallen, aber Ihr Haushaltseinkommen, etwa durch Krankengeld, Einkommen des Partners oder sonstige Einkünfte, ausreicht, benötigen Sie keine Krankentagegeldversicherung und können das folgende Kapitel überspringen.

Einkommenslücke berechnen

Sollten allerdings die Einkünfte nicht ausreichen, brauchen Sie unbedingt eine zusätzliche Krankentagegeldversicherung. Sie können sich die folgenden Berechnungen sparen, wenn Sie wissen, wie hoch Ihre Lücke ist. Wenn Sie nicht wissen, wie viel Geld Ihnen fehlt, überschlagen Sie bitte Ihre monatlichen Ausgaben und Einnahmen. Danach können Sie prüfen, ob Sie sich zusätzlich absichern müssen.

1. Schritt: Monatliche Fixkosten
Insbesondere folgende private Ausgaben sollten Sie vermerken und addieren:

→ Miete und Nebenkosten,
→ Darlehen und Versicherungen,
→ Lebenshaltungskosten und
→ sonstige Ausgaben.

Selbstständige sollten die Firmenkosten mit berücksichtigen und dazu addieren:

→ Miete und Nebenkosten der Firma,
→ Versicherungen der Firma und
→ sonstige Kosten der Firma.

2. Schritt: Krankengeld für Mitglieder der gesetzlichen Krankenversicherung
Wenn Sie in der gesetzlichen Krankenversicherung pflichtversichert sind, erhalten Sie nach Fortfall der Lohnfortzahlung Krankengeld. Dies gilt in der Regel auch bei freiwillig gesetzlich Krankenversicherten. Selbstständige in der gesetzlichen Krankenversicherung erhalten ein Krankengeld nur dann, wenn es ausdrücklich vereinbart ist.

Berechnen Sie nun zunächst Ihr Krankengeld. Fügen Sie den gefundenen Wert in der folgenden Tabelle in den beiden freien Kästchen ein.

Nicht alle Einkommensausfälle bei Krankheit oder Arbeitsunfähigkeit führen gleich zum finanziellen Ruin. Oft sind insbesondere bei vorübergehenden Erkrankungen die Folgen zu verkraften und keine Versicherungen notwendig. Bevor Sie also »zur Sicherheit« eine private Krankentagegeldversicherung abschließen, prüfen Sie an-

€ FINANZEN

Krankengeld

Das Krankengeld beträgt 70 Prozent des Bruttoeinkommens bis zur Beitragsbemessungsgrenze, abzüglich Pflegepflichtversicherung, Arbeitslosen- und Rentenversicherung, höchstens aber 90 Prozent des Nettoverdiensts. Bei Angestellten wird ein Arbeitnehmeranteil, bei Selbstständigen der volle Pflegeversicherungsbeitrag, und wenn gezahlt, der volle Rentenversicherungsbeitrag in Abzug gebracht.

Berechnung des Krankengelds

	BEISPIEL	PARTNER 1	PARTNER 2
Monatliches Bruttoeinkommen	2.500,00 Euro		
Monatliches Nettoeinkommen (Steuerklasse 1, keine Kinder)	1.652,75 Euro		
90 Prozent vom Nettoeinkommen	1.487,48 Euro		
70 Prozent vom Bruttoeinkommen	1.750,00 Euro		
Ihr Netto-Krankengeld	1.303,61 Euro		

hand der nachfolgenden Auflistung, ob und in welcher Höhe Einkommensausfälle versichert werden müssen.

Steht in Zeile 5 der Übersicht unten ein Minus vor dem Endergebnis? Dann haben Sie eine Einkommenslücke bei vorübergehender Arbeitsunfähigkeit. Der Abschluss einer Krankentagegeldversicherung ist für Sie besonders wichtig. Diese Versicherung zahlt bei vorübergehender Arbeitsunfähigkeit das vereinbarte Tagegeld, um so Ihr Einkommen zu sichern.

Krankentagegeld-versicherung

Die Krankentagegeldversicherung soll dazu dienen, Einkommenseinbußen infolge von Arbeitsunfähigkeit wegen Krankheit oder Unfalls durch Zahlung eines Tagegeldes aufzufangen. Die Verpflichtung zur Zahlung des Krankentagegelds entsteht, wenn Ihr Arzt im Rahmen einer medizinisch notwendigen Heilbehandlung feststellt und bescheinigt, dass Sie voraussichtlich vorübergehend Ihren Beruf nicht ausüben können und auch tatsächlich nicht ausüben. Dauert die Arbeitsunfähigkeit über einen längeren Zeitraum an, müssen gerade Freiberufler und Selbstständige damit rechnen, dass die Versicherer häufig prüfen, ob sie auch nicht eine Handreichung in ihrer Firma durchführen.

Der Begriff »medizinisch notwendige Heilbehandlung« im Sinne der Krankentagegeldversicherung ist sehr weit gefasst. Darunter fällt jede Art der Heilbehandlung, die geeignet ist, die Gesundheit des Versicherten wiederherzu-

Einkünfte bei Arbeitsunfähigkeit

	PARTNER 1	PARTNER 2	BEISPIEL
Krankengeld			1.303,61
Kindergeld			–
sonstige Einnahmen			–
abzüglich Fixkosten → Seite 53			1.500
Gesamtsumme der Einkünfte			-196,39

stellen. Dies gilt selbst dann, wenn Sie sich in eine stationäre Behandlung begeben, obwohl eine ambulante Behandlung den gleichen Erfolg hätte. Diese weite Auslegung gilt aber nur im Rahmen einer Krankentagegeldversicherung. Sie ist nicht übertragbar auf die Krankenhaustagegeldversicherung oder die Krankenvollversicherung.

Der Versicherte erhält die vereinbarten Tagegeldzahlungen. Anders als in der Krankenhaustagegeldversicherung ist allerdings die Höhe des versicherbaren Krankentagegeldes begrenzt. Das Tagegeld darf das tägliche Nettoeinkommen zusammen mit anderen Krankentagegeldern oder Krankengeldern nicht überschreiten. Das tägliche Nettoeinkommen wird berechnet aus dem Durchschnittsverdienst der letzten zwölf Monate vor Eintritt der Arbeitsunfähigkeit. Selbstständige können den erzielten Gewinn, das heißt die Einkünfte, aber nicht die Einnahmen versichern. Zur Ermittlung des versicherbaren Einkommens von Selbstständigen wenden Versicherer unterschiedliche Regelungen an.

Die Zahlung selbst setzt voraus, dass die Arbeitsunfähigkeit durch einen approbierten niedergelassenen Arzt beziehungsweise durch ein Krankenhaus bestätigt wird. Wird die medizinisch notwendige Heilbehandlung in einem Krankenhaus durchgeführt, in dem auch Kuren und Sanatoriumsbehandlungen angeboten werden, setzt die Zahlung darüber hinaus die vorherige schriftliche Zusage durch den Versicherer voraus.

Der Versicherungsnehmer hat dem Versicherer die Bescheinigung des Arztes unverzüglich vorzulegen, spätestens bis zum Ablauf der jeweils im Tarif bestimmten Frist.

§ GESETZLICHE GRUNDLAGEN

»Unverzüglich« bedeutet, dass diese Bescheinigung ohne schuldhaftes Zögern weitergeleitet wird. Es kommt also immer auf den Einzelfall an, ob eine spätere Meldung als schuldhaft oder unverschuldet verzögert einzustufen ist. Ist zum Beispiel nach einem Unfall die versicherte Person außerstande, sich selbst zu äußern, und wissen auch die Angehörigen nichts von dem Vertrag, ist auch eine Meldung zwei Wochen nach Beginn der Arbeitsunfähigkeit nicht als verspätet anzusehen. Andersherum ist es jedem zumutbar, über eine ambulante Behandlung und die dort festgestellte Arbeitsunfähigkeit den Versicherer spätestens am dritten Tag zu informieren. Geht die Meldung verspätet ein, wird das Tagegeld erst ab Eingang beim Versicherer gezahlt.

§ GESETZLICHE GRUNDLAGEN

»Nicht absehbar« ist eine Zeitspanne von Arbeitsunfähigkeit eigentlich erst, wenn nach der medizinischen Erfahrung und Ausschöpfung aller medizinischen Heilversuche feststeht, dass keine Aussicht auf Genesung besteht. Eine solche Prognose ist jedoch in der Regel unmöglich zu treffen. Niemand kann vorhersagen, welche medizinischen Möglichkeiten die Zukunft bringt. Nach der Rechtsprechung des Bundesgerichtshofs (BGH) kann die erforderliche Prognose nur auf den jeweiligen Einzelfall bezogen gestellt werden. Eine zeitliche feste Grenze (beispielsweise drei Jahre) kann also nicht zum Tragen kommen. Vielmehr ist diese abhängig von individuellen Umständen, wie das Alter des Versicherten, die Art und Schwere der Erkrankung und den Anforderungen der zuletzt ausgeübten Tätigkeit. Häufig sieht die Rechtsprechung dies, wenn die versicherte Person voraussichtlich über einen Zeitraum von drei Jahren erwerbsunfähig sein wird.

Ausschlüsse trotz Arbeitsunfähigkeit

Keine Versicherung ohne Ausschlüsse. Auch dann, wenn der Arzt Ihnen Arbeitsunfähigkeit bescheinigt, wird nicht immer Tagegeld gezahlt.

Bei Beginn des Vertrags gelten zunächst einmal Wartezeiten. Die allgemeine Wartezeit beträgt drei Monate vom Beginn des Versicherungsvertrags an gerechnet. Sie gilt nicht bei Unfällen. Für Psychotherapie, Zahnbehandlung, Zahnersatz und Kieferorthopädie gilt eine Wartezeit von acht Monaten.

Wenn Sie aus der gesetzlichen Krankenversicherung ausgeschieden und in eine private Krankenversicherung übergetreten sind, wird während der Wartezeiten Tagegeld bis zur Höhe des Krankengeldanspruchs aus der gesetzlichen Krankenversicherung gezahlt. Dies kann im schlimmsten Fall dazu führen, dass trotz ausreichend hoch versichertem Tagegeld eine Einkommenslücke entsteht.

Arbeitsunfähigkeit ist auch nicht versichert, wenn sie vorsätzlich oder durch Alkoholgenuss bedingte Bewusstseinsstörung herbeigeführt oder durch Kriegsereignisse verursacht wurde. Auch ausschließlich auf Schwangerschaft beruhende Arbeitsunfähigkeit sowie Zeiträume von Kur- oder Sanatoriumsbehandlungen sind nicht automatisch mitversichert.

Die Tagegeldzahlung entfällt außerdem, wenn Sie in Ihrem Beruf zu mindestens 50 Prozent auf nicht absehbare Zeit arbeitsunfähig und damit berufsunfähig im Sinne der Krankentagegeldversicherung sind.

Der Begriff der »Berufsunfähigkeit« wird in den Versicherungsbedingungen der An-

BEISPIEL

Ein Zimmermann zieht sich bei einem Sturz vom Bau schwere Verletzungen zu. Nach langwierigen Behandlungen und mehreren Operationen steht nach einem Jahr endgültig fest, dass er seinen Beruf nie wieder ausüben kann. Dauerhafte Schäden an der Wirbelsäule lassen eine schwere körperliche Tätigkeit nicht mehr zu. Die Krankentagegeldversicherung stellt danach ihre Zahlungen ein. Der ehemalige Zimmermann stellt nun einen Antrag auf Rente bei seiner privaten Berufsunfähigkeitsversicherung. Diese lehnt ihre Zahlungen mit der Begründung ab, der Versicherungsnehmer könne mit seinen Kenntnissen und Fähigkeiten noch eine Tätigkeit in der Abteilung Hausbau im Baumarkt ausüben. Nach den mit ihr vereinbarten Standardbedingungen sei sie in diesem Fall nicht zur Zahlung verpflichtet.
In diesem Fall hat die Versicherungsgesellschaft leider recht. Es kommt nicht einmal darauf an, ob der Zimmermann überhaupt eine Stelle bekommt.

bieter von Krankentagegeldversicherungen häufig anders definiert als in den Standardbedingungen der privaten Berufsunfähigkeitsversicherung.

Nach den Standardbedingungen der privaten Berufsunfähigkeitsversicherung liegt Berufsunfähigkeit erst vor, wenn Sie außerstande sind, Ihren Beruf oder eine andere Tätigkeit auszuüben, die Sie aufgrund Ihrer Kenntnisse und Fähigkeiten ausüben könnten und die Ihrer bisherigen Lebensstellung entspricht.

Die Krankentagegeldversicherung zahlt nicht mehr ab dem Zeitpunkt, an dem der Arzt die endgültige Arbeitsunfähigkeit des Versicherten festgestellt hat. Der – vielleicht auf einen späteren Zeitpunkt datierte – Bescheid des Sozialversicherungsträgers gilt nicht. Eine Einschränkung gibt es jedoch in diesem Fall, um soziale Härten auszugleichen. Ist zunächst Tagegeld gezahlt worden, weil Versicherer und Versicherter davon ausgingen, dass nur eine vorübergehende Arbeitsunfähigkeit bestehen würde, muss die Versicherung noch drei Monate weiterzahlen, wenn der Arzt festgestellt hat, dass nunmehr endgültige Berufsunfähigkeit im Sinne der Bedingungen eingetreten ist.

Anders sieht es aus, wenn bereits bei erster ärztlicher Untersuchung feststeht, dass die versicherte Person auf nicht absehbare Zeit in ihrem konkret ausgeübten Beruf erwerbsunfähig ist. Dann entsteht von Beginn an keine Leistungsverpflichtung für die Versicherung, und sie muss auch nicht noch drei Monate nach Bestätigung der Berufsunfähigkeit Tagegeldzahlungen erbringen.

Wenn Sie eine Berufsunfähigkeitsversicherung benötigen, wählen Sie einen Vertrag mit den sehr guten Bedingungen. Sonst kann es geschehen, dass Sie plötzlich ohne Einkommen dastehen und auch noch die Beiträge für alle Versicherungen zahlen müssen: Die Krankentagegeldversicherung stellt ihre Leistungen ein, weil Sie berufsunfähig im Sinne ihrer Bedingungen sind. Aber die Berufsunfähigkeitsversicherung mit weniger guten Bedingungen zahlt noch nicht, weil dort die Messlatte für Leistungen wesentlich höher aufgehängt ist.

Krankentagegeldversicherung – pro und contra

Ein Vorteil der Krankentagegeldversicherung ist – im Gegensatz zu vielen anderen Versicherungsverträgen – dass sehr genau definiert ist, wann das Tagegeld erbracht wird. Im Übrigen ist es eine der wenigen Versicherungsarten, bei der schon die Einhaltung weniger Sorgfaltspflichten gewährleistet, dass die Leistungen zeitnah erfolgen und so Einkommenseinbußen vermieden werden.

Nachteilig ist, dass die in diesem Versicherungsbereich verwandte Definition der Berufsunfähigkeit und die damit verbundene Beendigung der Zahlungspflicht dazu führen können, dass Personen ohne gesetzliche Absicherung plötzlich einkommenslos dastehen, weil Berufsunfähigkeit im Sinne der Tagegeldversicherung vorliegt, aber Berufsunfähigkeit im Sinne der Standardbedingungen der privaten Berufsunfähigkeitsversicherung noch nicht.

Diese Lücke ist für bestehende Berufsunfähigkeitsversicherungen nicht zu schließen, wenn sie auf den Standardbedingungen beruhen und keine kundenfreundlichere Definition von Berufsunfähigkeit vorsehen. Wenn überhaupt – kann man sie durch Abschluss einer neuen Berufsunfähigkeitsversicherung zu verbesserten Bedingungen, wie sie im folgenden Kapitel zur Berufsunfähigkeitsversicherung → Seite 65 beschrieben werden, schließen.

Tipps vor Vertragsabschluss

→ Passen Sie das Tagegeld genau der Lücke zu Ihren Fixkosten an. Wenn zum Beispiel im Krankheitsfall das Einkommen des Partners und das Krankengeld der gesetzlichen Krankenversicherung ausreichen, um die Fixkosten zu decken, benötigen Sie als abhängig Beschäftigter ein Krankengeld frühestens ab der 78. Woche der Krankheit. So lange wird das Krankengeld aus der gesetzlichen Versicherung gezahlt.
Reicht das dann zur Verfügung stehende Einkommen nicht aus, benötigen Sie, um die Defizite aus der Krankengeldzahlung der gesetzlichen Krankenversicherung auszugleichen, eine Krankentagegeldversicherung über einen privaten Anbieter.

- Sind Sie selbstständig und freiwillig in der gesetzlichen Krankenversicherung, prüfen Sie, ob auch hier eine Krankengeldzahlung Teil Ihres Vertrags ist.
- Unabhängig davon, ob Sie privat oder gesetzlich krankenversichert sind, gilt das Bereicherungsverbot in der Krankentagegeldversicherung. Die Summe der Tagegeldzahlungen darf Ihr Nettoeinkommen nicht übersteigen.
- Gesetzlich Krankenversicherte sollten das Nettoeinkommen zuzüglich der Sozialversicherungsabgaben für die Rentenversicherung absichern. Um sicherzugehen, dass die Versicherung später nicht behauptet, Sie hätten sich überversichert, sollten Sie schon im Versicherungsantrag vermerken, dass sich das von Ihnen abgesicherte Tagegeld aus der Summe vom Nettoeinkommen und den Abgaben zusammensetzt.
- Staffeln Sie Ihren Vertrag. Wenn zum Beispiel erst nach Ablauf des Krankengeldes eine Einkommenslücke besteht, schließen Sie nur einen Anschlussvertrag ab.
- Ein besonderes Problem haben Selbstständige, wenn sie einen Steuerberater haben, der in der Lage ist, das Einkommen seines Mandanten aus steuerlichen Gründen möglichst niedrig zu halten. Dies wird aber in der Krankentagegeldversicherung zum Bumerang. Es gilt das sogenannte Bereicherungsverbot. Der Versicherte darf kein Tagegeld versichern, das über seinem durchschnittlichen Nettoeinkommen (definiert mit 70 bis 80 Prozent vor Steuern oder tatsächliches Einkommen nach Steuern) liegt.
- Selbstständige sollten daher unbedingt darüber nachdenken, eine sogenannte Betriebsunterbrechungsversicherung abzuschließen. Da die Konditionen und Preise sehr unterschiedlich sind, sollten Sie besonders auf das Kleingedruckte achten.
- Selbstständige sollten prüfen, ab wann für sie ein Tagegeld frühestens unverzichtbar ist und ob es gegebenenfalls reicht, es in der Höhe zu staffeln. Wird beispielsweise eine Zahlung ab dem ersten Tag und ein immer gleich hohes Tagegeld vereinbart, so ist dafür die Prämie wesentlich höher, als wenn man die Zahlung ab dem zehnten Tag und ein nach Fortdauer der Erkrankung gestaffeltes Tagegeld vereinbart.

Mit der Checkliste rechts können Sie abgleichen, welche Leistungen Ihr Vertrag unbedingt enthalten sollte.

CHECKLISTE

- ☐ Das Tagegeld sollte entsprechend Ihrem Einkommen ohne erneute Gesundheitsprüfung ansteigen können. Auch dann, wenn sich Ihr Gesundheitszustand zwischenzeitlich verschlechtert hat.
- ☐ Nach einer Erhöhung sind keine weiteren Wartezeiten fällig.
- ☐ Die Tagegeldversicherung zahlt auch bei Komplikationen während einer Schwangerschaft außerhalb der Mutterschutzfristen.
- ☐ Der Versicherer verzichtet auf sein normales Kündigungsrecht, wenn Sie gleichzeitig bei ihm eine Krankenvollversicherung haben. Andernfalls könnte er zum Beispiel bei verschlechtertem Gesundheitszustand in den ersten drei Jahren der Vertragslaufzeit jährlich kündigen.
- ☐ Das Tagegeld wird auch dann gezahlt, wenn die Arbeitsunfähigkeit alkoholbedingt ist.

→ TIPP

Ein gesondertes Krankenhaustagegeld sollten Sie nicht vereinbaren, da das Krankentagegeld in ausreichender Höhe bemessen sein sollte und im Krankenhaus im Normalfall keine erhöhten Lebenshaltungskosten entstehen.

Wie versichern Sie sich richtig gegen die finanziellen Lücken bei Berufsunfähigkeit?

Haben Sie oder andere berufstätige Personen Ihres Haushalts so hohe Einkünfte, dass Ihre laufenden Kosten im Fall einer dauerhaften Berufsunfähigkeit in jedem Fall abgedeckt sind?

Niedrige gesetzliche Rente

Selbst wenn Sie die obige Frage mit Ja beantworten können, sollten Sie dennoch zunächst unsere nachfolgenden Hinweise zur gesetzlichen Erwerbsminderungsrente lesen und dann Ihre Einkünfte berechnen. So können Sie leichter entscheiden, ob und welchem Maße Sie sich möglicherweise doch zusätzlich absichern müssen. Auf Seite 53 finden Sie einen Vorschlag zur Berechnung Ihrer Kosten.

Seit dem 1. Januar 2001 wird in der gesetzlichen Rentenversicherung nicht mehr geprüft, ob eine Berufs- und Erwerbsunfähigkeit vorliegt. Nunmehr erfolgt die Prüfung, ob eine Erwerbsminderung vorliegt. Nur wer dem Arbeitsmarkt nicht einmal mehr drei Stunden am Tag zur Verfügung steht, bekommt die volle Erwerbsminderungsrente. Eine anteilige Rente erhält, wer maximal noch sechs Stunden arbeiten kann. Was auf den ersten Blick klar und einleuchtend wirkt, könnte durch einen weiteren Passus im Gesetz für viele zum finanziellen Ruin führen: Die Prüfung, ob und wie viele Stunden täglich Sie dem Arbeitsmarkt zur Verfügung stehen können, berücksichtigt weder die Arbeitsmarktlage noch Ihren ausgeübten Beruf. Es wird allein geprüft, ob Sie noch mehr als drei oder sechs Stunden irgendeiner Tätigkeit nachgehen können. Nur für Personen, die vor dem 2. Januar 1961 geboren sind, gilt ein Vertrauensschutz hinsichtlich der zumutbaren Tätigkeiten. Sie können nur auf solche Berufe verwiesen werden, die ähnliche Anforderungen stellen wie der bisherige Beruf, und erhalten ansonsten eine Erwerbsminderungsrente wegen Berufsunfähigkeit. Mit anderen Worten: Verliert heute ein hoch spezialisierter Krankenpfleger mit 35 Jahren bei einem Unfall einen Arm, kann er theoretisch immer noch ganztags an der Pforte eines Krankenhauses arbeiten. Kein Grund also für eine Rente. Zugegeben, das Beispiel ist vielleicht etwas weit hergeholt. Aber es zeigt, dass grundsätzlich jeder darüber nachdenken sollte, wie eine zusätzliche private Versicherung im Fall dauerhafter Arbeitsunfähigkeit aussehen sollte.

€ FINANZEN

Auf der Webseite www.deutsche-rentenversicherung.de können Sie unter »Services« → »Online-Dienste« unter anderem verschiedene Berechnungen zu Rentenbeginn und -höhe anstellen oder sich die Angaben aus Ihrer jährlichen Renteninformation anzeigen lassen.

Prüfen Sie anhand der nachfolgenden Informationen, ob in Ihrem Fall Einkommenslücken bei Berufsunfähigkeit bestehen und wie hoch sie sind. Dabei sollten Sie auch Ihre Ausgaben für die private Altersvorsorge mit

Welchen Schutz bietet welche Versicherung?

	BERUFSUNFÄHIGKEIT	ERWERBSUNFÄHIGKEIT	GRUNDFÄHIGKEIT
Voraussetzung	Voraussichtlich dauernde Unfähigkeit, im ausgeübten Beruf zu arbeiten	Unfähigkeit, irgendeinem Beruf in nennenswertem Umfang regelmäßig nachzugehen	Unfähigkeit, bestimmte körperliche Grundfähigkeiten durchzuführen, zum Beispiel Hören, Sprechen, Laufen
Ursache	Krankheit, Unfall, Kräfteverfall	Krankheit, Unfall, Kräfteverfall	Krankheit, Unfall, Kräfteverfall
Hauptleistung	Rente	Rente	Rente

berücksichtigen, damit diese auch in einem solchen Fall weiter angespart werden können. Zur Ermittlung des Versicherungsbedarfs sollten Sie folgende Einnahmen und Ausgaben berücksichtigen:

Bitte addieren Sie alle festen monatlichen Ausgaben → Seite 53 und die Ausgaben für Ihre Altersvorsorge.

Von dieser Summe bringen Sie vorsorglich nur die halbe gesetzliche Erwerbsminderungsrente, eine bereits bestehende Absicherung des Berufsunfähigkeitsfalls und Einnahmen, die nicht von Ihrer Arbeitskraft (z. B. Mieteinnahmen) abhängig sind, in Abzug.

Das Ergebnis stellt den Versicherungsbedarf dar!

Diese Berechnung kann vornehmlich bei wirtschaftlich unabhängigen Singles und Partnern vorgenommen werden. Bei wirtschaftlich voneinander abhängigen Partnern oder Familien ist nach dieser Berechnung in Abzug zu bringen, um den Versicherungsbedarf zu ermitteln.

Die Absicherung ist mit verschiedenen Versicherungen möglich, die wir Ihnen unten tabellarisch zusammengestellt haben.

Berufsunfähigkeitsversicherung

Wie Sie schon in der einleitenden Übersicht gesehen haben, bietet die Berufsunfähigkeitsversicherung den umfassendsten Schutz. Sie unterscheidet nicht zwischen den Ursachen der Berufsunfähigkeit. Bevor Sie jedoch mit dem nächstbesten Versicherungsvermittler einen Termin vereinbaren

	UNFALL	DREAD DISEASE	FUNKTIONSINVALIDITÄTS-VERSICHERUNG
	Dauerhafte Beeinträchtigung der körperlichen oder seelischen Leistungsfähigkeit	Auftreten bestimmter Erkrankungen	Verlust bestimmter Fähigkeiten, schwere Erkrankung oder unfallbedingte Invalidität
	Unfall	Krankheit, Unfall, Kräfteverfall	Erkrankung, Unfall, Kräfteverfall
	Einmalige Abfindung oder Rente	Rente	Rente

oder im Internet auf »Vertrag jetzt abschließen« klicken, sollten Sie sich unbedingt über die Leistungen und Bedingungen dieser Police informieren. Denn es gibt Anbieter, deren Tarife dem oben beschriebenen gesetzlichen Modell sehr nahe kommen und Assekuranzen, die die Forderungen der Verbraucherorganisationen nach einem umfassenden Schutz so gut erfüllen, dass sie von der Stiftung Warentest mit dem Prädikat »sehr gut« bewertet worden sind. Hinzu kommen Preisunterschiede von bis zu 100 Prozent – bei gleichen Leistungen.

Die Berufsunfähigkeitsversicherung erbringt die versicherten Leistungen, beispielsweise eine Rentenzahlung, wenn der Versicherte »berufsunfähig« im Sinne der Versicherungsbedingungen ist. Je nach Versicherungsbedingungen wird der Begriff »Berufsunfähigkeit« jedoch äußerst unterschiedlich definiert.

Damit ein Vertrag wirklich verlässlichen Schutz bietet, müssen mindestens folgende Punkte erfüllt sein:

→ Die Rente wird gezahlt, wenn der Versicherte in seinem bei Eintritt der Berufsunfähigkeit ausgeübten Beruf nicht mehr zu mindestens 50 Prozent tätig sein kann. Es wird auf die Prüfung verzichtet, ob er mit seinen Kenntnissen

und Fähigkeiten beziehungsweise seiner Erfahrung und Ausbildung noch eine andere Tätigkeit ausüben könnte (sogenannter Verweisungsverzicht).

- Für die Einstufung einer Arbeitsunfähigkeit als dauerhafte Berufsunfähigkeit genügt es, wenn der Versicherte voraussichtlich sechs Monate nicht berufstätig sein kann oder dieser Zeitraum schon verstrichen ist. Die Rente wird dann rückwirkend ab dem ersten Tag dieses Sechsmonatszeitraums gezahlt.
- Bei verspäteter Meldung wird die Rente mindestens drei Jahre lang rückwirkend gezahlt.
- Bei der regelmäßigen Nachprüfung der Berufsunfähigkeit wird die Rente auch nicht entzogen, wenn der Versicherte nach Auffassung der Gesellschaft wieder arbeiten könnte, sondern erst dann, wenn er zum Beispiel nach einer Umschulung tatsächlich wieder arbeitet und ein vergleichbares Einkommen erzielt.
- Die Versicherung verzichtet darauf, den Vertrag zu kündigen oder die Beiträge anzuheben, wenn sich später herausstellt, dass der Versicherte ohne sein Verschulden ihm bekannte Vorerkrankungen nicht angegeben hat.

Je nach vertraglicher Gestaltung gibt es verschiedene Leistungsvarianten: Wird der Vertrag als selbstständige Versicherung gegen Berufsunfähigkeit abgeschlossen, erhält die versicherte Person im Fall der Berufsunfähigkeit die vereinbarte Rente. Diese wird gezahlt, solange Berufsunfähigkeit im Sinne der Bedingungen vorliegt, längstens bis zum Ende des Versicherungsvertrags. Wird der Vertrag an eine Risiko- oder Kapitallebensversicherung gekoppelt, kann er entweder eine Beitragsbefreiung für die Hauptversicherung beinhalten oder zusätzlich zur Beitragsbefreiung noch die Zahlung der Rente in der soeben geschilderten Weise.

> **€ FINANZEN**
>
> Bei Ihren Überlegungen zur Höhe der benötigten Berufsunfähigkeitsrente sollten Sie darauf achten, dass die Beiträge, die Sie für die Familienabsicherung oder Altersvorsorge aufwenden, auch nach Eintritt der Berufsunfähigkeit weitergezahlt werden müssen.

Einige Gesellschaften zahlen eine Übergangshilfe. Hat die versicherte Person erstmals Anspruch auf eine Rentenzahlung wegen Berufsunfähigkeit, erhält sie zusätzlich eine einmalige Übergangshilfe, wenn der Vertrag noch mindestens fünf volle Versicherungsjahre läuft. Es gibt auch Versicherer, die zusätzlich Soforthilfen, Fortbildungs- oder Rehamaßnahmen, Sonderregelungen bei Umschulungen oder sogar eine lebenslange Rente anbieten.

Wählen Sie die Laufzeit des Vertrags bis gegebenenfalls zum Eintritt in den Altersruhestand. Also je nach Rentenbeginn bis zum 67. Lebensjahr. So sind Sie auch bei frühzeitigem Eintritt der Berufsunfähigkeit bis zum Eintritt in den Ruhestand abgesichert. Sollten Sie zum Beispiel durch Erbschaft oder Lottogewinn später den Versicherungsschutz nicht mehr oder nur noch teilweise benötigen, können Sie die versicherten Leistungen jederzeit kürzen oder den Vertrag ganz kündigen.

Achtung, Datensammler!

In der Versicherungswirtschaft gibt es ein Hinweis- und Informationssystem (HIS), das zur Risikoprüfung und zur Prüfung im Leistungsfall bei den Versicherungen genutzt wird. Dieses System wird auch als Wagnisauskunft und UNIWAGNIS-System (alte Bezeichnung) bezeichnet. Dort werden unter anderem bestimmte Daten zur Antragsbearbeitung gesammelt. Dies hat zur Folge, dass Personen, die zum Beispiel wegen Vorerkrankungen bei einer Gesellschaft abgelehnt wurden, häufig auch bei allen anderen Anbietern abgelehnt werden. Man kann es zwar nicht beweisen, aber der Verdacht drängt sich auf, dass hier nach dem Motto verfahren wird: einmal abgelehnt – immer abgelehnt.

Dabei beurteilen die Versicherer gleichartige Vorerkrankungen und die damit verbundenen Risiken durchaus unterschiedlich. Tests haben gezeigt, dass ein und dieselbe Person bei identischen Angaben mal einen Vertrag bekommen hätte, bei anderen Gesellschaften einen Risikozuschlag hätte bezahlen müssen und bei wieder anderen Versicherern ganz abgelehnt worden wäre.

Wenn auch Sie befürchten, beim Versicherungsabschluss Probleme wegen Vorerkrankungen zu bekommen oder wenn Sie den Datensammlern keine Chance geben wollen, sollten Sie so vorgehen:

→ Lassen Sie zunächst von Ihrer Verbraucherzentrale oder der Stiftung Warentest einen Preis-Leistungs-Vergleich erstellen.

→ Starten Sie dann über das Internet oder direkt über einen Versicherungsmakler eine Risikovoranfrage. Dahinter verbirgt sich folgendes System: Versicherungsmakler, die diverse Gesellschaften vertreten, legen diesen eine Anfrage vor, die zwar den Umfang des gewünschten Versicherungsschutzes und die Angaben zu Vorerkrankungen enthält, die aber so weit anonymisiert ist, dass eine Speicherung beziehungsweise Zuordnung zu Ihnen als Person nicht möglich ist.

→ Erst, wenn eine Gesellschaft erklärt, dass und zu welchen Konditionen sie den Vertrag anbietet, schauen Sie in den

Preis-Leistungs-Vergleich und entscheiden Sie dann, ob Sie dem Vertragsabschluss zustimmen. Diese Vorgehensweise wird von mehreren Firmen angeboten. Sie finden sie, wenn Sie in einer Internet-Suchmaschine die Worte »Risikovoranfrage« und »Berufsunfähigkeitsversicherung« eingeben. Da unseriöse Trittbrettfahrer nie auszuschließen sind, sollten Sie die unterschiedlichen Auftritte sorgfältig prüfen, bevor Sie mit einem der Anbieter in Kontakt treten.

Erwerbsunfähigkeitsversicherung

Diese Versicherung zahlt nicht schon bei Berufsunfähigkeit, sondern erst dann, wenn Sie erwerbsunfähig sind. Diese Sparte kommt dem Modell der gesetzlichen Regelung zur Erwerbsminderung sehr nahe. Dabei ist sie nicht einmal viel günstiger als die Berufsunfähigkeitsversicherung. Es gibt also keinen Grund, einen derartigen Vertrag abzuschließen.

Grundfähigkeitsversicherung

Die Grundfähigkeitsversicherung ist eine Police, die im Falle des Verlustes bestimmter Fähigkeiten, die Sie im täglichen Leben brauchen, eine monatliche Rente zahlt oder diese Rente zahlt, wenn die Pflegebedürftigkeit eintritt. Die Ursache für den Verlust dieser Fähigkeiten ist egal.

Die Voraussetzungen für Leistungen sind erfüllt, wenn Sie nach ärztlicher Beurteilung insgesamt mindestens zwölf Monate lang ununterbrochen nicht in der Lage sind, eine der folgenden Fähigkeiten auszuüben: Sie können nichts mehr sehen oder nicht mehr sprechen oder sich nicht mehr zeitlich, örtlich und zur eigenen Person orientieren oder weder mit der linken noch mit der rechten

Hand einen Schreibstift benutzen oder eine Tastatur bedienen.

Gezahlt wird auch, wenn Sie drei andere Tätigkeiten eines zweiten Fähigkeitenkatalogs nicht mehr ausüben können. In diesen Katalog fallen unter anderem das Hören, das Gehen über 200 Meter, das Anziehen, das Steigen von Treppen mit mehr als zwölf Stufen oder das Fahren eines Autos.

Und schließlich gibt es hier die versicherte Rente, wenn Ihnen in der gesetzlichen oder in einer diese ersetzenden privaten Pflegeversicherung Pflegegrad 3, 4 oder 5 zuerkannt wurde.

Diese Sparte wird nur selten angeboten. Sie wird häufig als Alternative zur Berufsunfähigkeitsversicherung genannt, da angeblich die Gesundheitsfragen nicht so umfangreich sind wie bei dieser und weil sie günstiger sein soll. Eine umfassende Untersuchung der Stiftung Warentest gibt es dazu derzeit nicht.

Unfallversicherung

Die Unfallversicherung kostet zwar nur einen Bruchteil einer Berufsunfähigkeitsversicherung, ist aber keine Alternative, weil sie nur vor den finanziellen Folgen dauerhafter Invalidität nach Unfällen schützt. Nur etwa 2,3 Prozent der Schwerbehinderungen beruhen auf Unfallfolgen, davon entstehen 50 Prozent durch Arbeitsunfälle, bei denen die gesetzliche Unfallversicherung greift. Sie ist höchstens als zusätzliche Absicherung für Personen sinnvoll, die besonderen unversicherten Unfallrisiken ausgesetzt sind. Dazu mehr im nächsten Kapitel: → Seite 73.

Dread-Disease-Versicherung

Die Dread-Disease-Versicherung ist ein Vertrag, bei dem die vereinbarte Versicherungssumme bei Eintritt fest definierter Krankheiten zur Auszahlung kommt. Sie spielt in Deutschland keine große Rolle. Sie wurde ursprünglich konzipiert für Länder mit schwachem sozialem Netz, in denen mangels ausreichender Krankenversicherung der Eintritt dieser Erkrankungen tatsächlich zu einem sozialen Absturz führen konnte.

Angesichts des umfassenden Krankenversicherungsschutzes und der Möglichkeit, sich durch Krankentagegeld- und Berufsunfähigkeitsversicherungen ohne Begrenzung auf bestimmte Ursachen abzusichern, ist kaum eine Situation denkbar, in der gerade dieser Versicherungsschutz benötigt wird. Er spielt daher in den weiteren Überlegungen keine Rolle. Falls man Ihnen einen solchen – oft recht teuren – Schutz anbietet, sollten Sie dankend abwinken.

Funktionsinvaliditätsversicherung

Bei dieser Versicherung handelt es sich um ein relativ neues Produkt, das mehrere Versicherungen vereinigt, nämlich die Dread-Disease-, Grundfähigkeits- und Unfallversicherung. Eine Rente wird dann gezahlt, wenn jemand bestimmte Fähigkeiten verliert, schwer erkrankt oder unfallbedingt eine Invalidität erleidet.

Die Funktionsinvaliditätsversicherung könnte allenfalls eine Alternative zu einer Erwerbsunfähigkeitsversicherung darstellen. Hier gibt es allerdings erst wenige Angebote.

Wie versichern Sie sich richtig, wenn Sie ein erhöhtes Unfallrisiko haben?

Führt ein Unfall zur Invalidität, kann ein hoher zusätzlicher Finanzbedarf entstehen. Die Wohnung muss umgebaut, eine Aushilfe eingestellt oder eine besondere Ausbildung finanziert werden. Um diese finanziellen Risiken abzusichern, kann der Abschluss einer Unfallversicherung sinnvoll sein.

Private Unfallversicherung

Gerade Personen, die nicht durch gesetzliche Rentenansprüche abgesichert sind (z. B. häufig Hausfrauen/-männer) und/oder nur geringen Schutz über eine private Berufsunfähigkeitsversicherung genießen, sollten den Abschluss einer solchen Versicherung überlegen. Auch ist aufgrund der höheren Beiträge manchmal keine Kinderinvalidätsversicherung oder Berufsunfähigkeitsversicherung finanzierbar.

Mit einem Lebensalter ab 65 Jahren sollten Sie eine Unfallversicherung mit Vertragsregelungen für ältere Kunden abschließen.

Bei unfallbedingter Invalidität wird entsprechend dem Invaliditätsgrad ein Betrag ausgezahlt, der die Einkommenseinbußen oder zusätzlichen Ausgaben absichert, sofern eine Invaliditätssumme in ausreichender Höhe abgeschlossen wurde. Die Unfallversicherung bietet eine Geldleistung für unfallbedingte Invalidität.

Bei einer Invalidität, die durch eine Erkrankung hervorgerufen wird, zahlt die Unfallversicherung nicht.

Nur rund 1,8 Prozent aller schwerbehinderten Menschen zogen sich die Schwerbehinderung durch einen Unfall zu, passieren kann es nichtsdestotrotz jedem.

€ FINANZEN

Berechnung der Versicherungssumme

Als Faustformel für die Ermittlung der richtigen Versicherungssumme gilt: Mindestens das Sechsfache des Jahresbruttoeinkommens (erzielen Sie beispielsweise als Hausfrau/-mann kleine Einkünfte: das Sechsfache des jährlichen Bedarfs) für den Fall der Vollinvalidität.

Wichtig ist die Vereinbarung einer hohen Versicherungssumme bei 100-prozentiger Invalidität. Kinder sollten mit mindestens 150.000 Euro, besser noch mit 250.000 Euro versichert werden.

Wenn eine Berufsunfähigkeitsversicherung besteht, können die Summen der Unfallpolice entsprechend niedriger sein, oder es kann auf eine Unfallversicherung, zumindest aber auf eine Progression, verzichtet werden.

Progression bedeutet: Bei höherer Invalidität werden höhere Leistungen gezahlt, bei Vollinvalidität zum Beispiel nicht 100, sondern 225 Prozent der Grundversicherungssumme. Das kostet natürlich einen Zuschlag auf die Grundprämie. Mögliche andere angebotene Progressionsstaffeln: 300, 350, 500 Prozent.

Nachteil der Progressionstarife: Die weitaus meisten Unfälle mit Dauerinvaliditätsfolgen bringen Invaliditätsgrade von unter 25 Prozent mit sich.

Eine hohe Progression allein garantiert nicht in allen Invaliditätsgraden eine bestmögliche Leistung. Hier sollten eher Tarife gewählt werden, die schon bei weniger hohen Invaliditätsgraden die Leistungen vervielfachen.

100.000 Euro Versicherungssumme für den Invaliditätsfall kosten mit (unterschiedlicher) Progression im Jahr etwa 85 bis 200 Euro für Kinder, 130 bis 500 Euro für Personen mit Bürotätigkeit und 224 bis 770 Euro körperlicher oder handwerklicher Berufstätigkeit.

Unfallrentenversicherung – „Alternative" zur Berufsunfähigkeitsversicherung?

Wenn Sie wegen Vorerkrankungen keine Berufsunfähigkeitsversicherung erhalten oder sie sich aus finanziellen Gründen nicht leisten können, sollten Sie darüber nachdenken, statt einer herkömmlichen Unfall- eine Unfallrentenversicherung abzuschließen. Sie bietet den Vorteil, dass aus dem Vertrag eine lebenslange Rente gezahlt wird, wenn durch einen Unfall eine dauerhafte Invalidität eingetreten ist. Es ist auch möglich, in einem Vertrag beide Leistungen – Einmalzahlung und Rente – miteinander zu koppeln. Dadurch wird es im Fall der Fälle ermöglicht, nicht nur die Wohnung behindertengerecht umzubauen, sondern auch durch die Rentenzahlung die laufenden Kosten zu decken.

Den Abschluss einer Unfallversicherung mit Beitragsrückgewähr ist nicht empfehlenswert. Bei einem solchen Vertrag handelt es sich um eine Kombination aus einer Unfallversicherung, über die der Versicherungsschutz besteht, und einer Lebensversicherung, über die die Kapitalbildung erfolgt. Bei gleichem Beitrag leistet eine Unfallversicherung mit Beitragsrückgewähr nur ein Bruchteil dessen, was aus einer »normalen« Unfallversicherung fließen würde.

Gesetzliche Unfallversicherung

Alle Menschen, die sich beispielsweise in einem Arbeits-, Dienst- oder Lehrverhältnis befinden, Kinder, die in den Kindergarten oder die Schule gehen, und Studenten auf der Hochschule sind automatisch in der gesetzlichen Unfallversicherung versichert. Den Beitrag dafür zahlen die Arbeitgeber, Schulen, Hochschulen oder Bauherren.

Selbstständige können sich über ihre Berufsgenossenschaft freiwillig in der gesetzlichen Unfallversicherung versichern, die auch über die unterschiedliche Höhe der Beiträge informieren.

Die gesetzliche Unfallversicherung sichert Menschen ab, die Unfälle während der Arbeit oder auf dem direkten Weg zur Arbeit oder zur Schule erleiden. Sie leistet für die medizinische Versorgung und die Rehabilitation; bei Invalidität springt die Unfallrente unter besonderen Bedingungen ein.

Über die beschriebenen Unfälle hinaus springt die Versicherung auch bei Berufskrankheiten ein. Falls Sie einmal in eine derartige Lage kommen, sollten Sie sicher sein, von Beginn an einen fachkundigen Rechtsbeistand zu haben. Gesetzliche Unfallversicherung und Berufsgenossenschaft stehen nicht gerade im Ruf, die Spendierhosen anzuhaben.

Nicht versichert sind Hausfrauen, Rentner und Kinder, die nicht in eine Kindertagesstätte oder einen Kindergarten gehen. Auch für Unfälle in der Freizeit besteht kein Schutz.

Wie versichern Sie sich richtig, um Ihr Kind vor den finanziellen Folgen der Invalidität zu schützen?

Wenn Sie Kinder haben, die noch nicht in der Berufsausbildung sind, ist die Absicherung der finanziellen Folgen einer Invalidität Ihrer Kinder durch eine Kinderinvaliditätsversicherung besonders wichtig.

Invaliditätsversicherung für Kinder

Eine Invaliditätsversicherung für Kinder ist mit relativ hohen Kosten verbunden. Wenn diese für Sie nicht erschwinglich ist, sollten Sie über den Abschluss einer Unfallversicherung für das Kind nachdenken.

Befindet sich Ihr Kind bereits in der Berufsausbildung, benötigt es keine Invaliditäts- oder Unfallversicherung für Kinder. Vielmehr ist dann die Absicherung über einen Tarif für eine erwachsene Person erforderlich.

Die Kinderinvaliditätsversicherung zahlt unabhängig von der Ursache der Invalidität (Unfall, Erkrankung) je nach Vertrag eine lebenslange Rente oder/und einen Einmalbeitrag, wenn ein Invaliditätsgrad festgestellt wird. Die Unfallversicherung dagegen zahlt nur dann eine Rente oder einen Einmalbetrag, wenn die Invalidität durch einen Unfall eingetreten ist.

Von den Kindern und Jugendlichen, die bis 18 Jahre einen Grad der Behinderung von mehr als 50 Prozent haben, sind etwa 82 Prozent durch Krankheit, aber nur knapp ein Prozent durch einen Unfall invalide geworden. Hinzu kommen angeborene oder sonstige Ursachen.

Diese Werte zeigen eines ganz klar: Auch wenn eine der am häufigsten abgeschlossenen Versicherungen für Kinder die (preisgünstigere) Unfallversicherung ist, ist es viel wichtiger, eine Invaliditätsversicherung für Kinder abzuschließen. Hier wird die vereinbarte Leistung gezahlt, wenn das Kind entweder durch einen Unfall oder durch eine Krankheit schwerbehindert wird. Dies können zum Beispiel Diabetes mellitus, Krebserkrankungen wie Leukämie oder Meningitis sein.

Als schwerbehindert gilt, wem vom Versorgungsamt ein Grad der Behinderung von mindestens 50 Prozent bescheinigt wird. Manche Gesellschaften machen ihre Zahlung von einer zusätzlichen eigenen Prüfung des Gesundheitszustandes des Kindes abhängig. Solche Verträge sollten Sie unbedingt meiden, da sonst die Gefahr besteht, dass sich Ihr Kind trotz schwerer Erkrankung einer doppelten Gesundheitsuntersuchung unterziehen muss. Viele Versicherer versuchen, sich durch eigene Gutachten vor der Zahlung zu drücken.

Am weitesten verbreitet ist die Variante, ab einem Grad der Behinderung von mindestens 50 Prozent eine lebenslange Rente zu zahlen. Andere Gesellschaften zahlen ähnlich wie in der reinen Unfallversicherung einen Einmalbetrag, der verrentet werden kann – was allerdings bei der heutigen Ertragslage auf dem Kapitalmarkt wenig Sinn macht.

Und schließlich gibt es wenige Anbieter, die beide Leistungen miteinander verbinden. Sie zahlen bei Eintritt der Invalidität einmalig eine Zusatzleistung in Höhe von zum Beispiel 24 Monatsrenten und danach lebenslang die vereinbarte Rente. Diese Anbieter werden von uns bevorzugt, da mit dem Kapital zum Beispiel behindertengerechte Umbauten vorgenommen und die Renten für den Lebensunterhalt genutzt werden können.

Die meisten Versicherer versichern beispielsweise Kinder, die von Geburt an behindert sind, nicht. Da sich angeborene Erkrankungen oft in den ersten Lebensmonaten zeigen, versichern viele Versicherer Kinder erst nach Vollendung des ersten Lebensjahres. Zeigt sich allerdings die angeborene Erkrankung erst nach Abschluss des Versicherungsvertrags, kann der Versicherer die Behinderung nicht mehr vom Versicherungsschutz ausschließen (BGH, Az.: IV ZR 252/06).

Die Rente sollte mindestens 1.000 Euro im Monat betragen und im Laufe der Jahre und besonders im Leistungsfall dynamisch ansteigen. Mit weniger wird es kaum möglich sein, Ihrem Kind auch später einen Lebensstandard über der Grundsicherung zu ermöglichen.

Wenn Sie einen Vertrag mit Einmalzahlung abschließen, sollte die Summe der in der Unfallversicherung empfohlenen Summe bei Vollinvalidität entsprechen (Das Sechsfache des jährlichen Bedarfs). Die Einzelheiten finden Sie im Kapitel »... wenn Sie ein erhöhtes Unfallrisiko haben?«, das Sie unbedingt lesen sollten → Seite 73.

Gute Verträge kosten 400 bis 500 Euro im Jahr. Sie sind damit um ein Vielfaches teurer als günstige Unfallversicherungen, die aber nur einen bestimmten Bereich abdecken, nämlich die Invalidität nach einem Unfall. Wenn Ihnen deshalb dieser Betrag zu hoch erscheint, sollten Sie sich jedoch vor Augen führen, welches Risiko eine reine Unfallpolice und welches weitaus höhere die Invaliditätsversicherung abdeckt.

→ TIPP

Die Kinderunfallversicherung springt nur dann ein, wenn der Fall eintritt, dass Ihr Kind durch einen Unfall invalide wird. Wie oben erläutert, geschieht dies nach den Erhebungen des Statistischen Bundesamtes nur sehr selten. Wir können zu dem Abschluss einer Kinderunfallversicherung daher nur dann raten, wenn Sie sich die Invaliditätsversicherung nicht leisten können und wenigstens das Risiko »Unfall« absichern möchten.

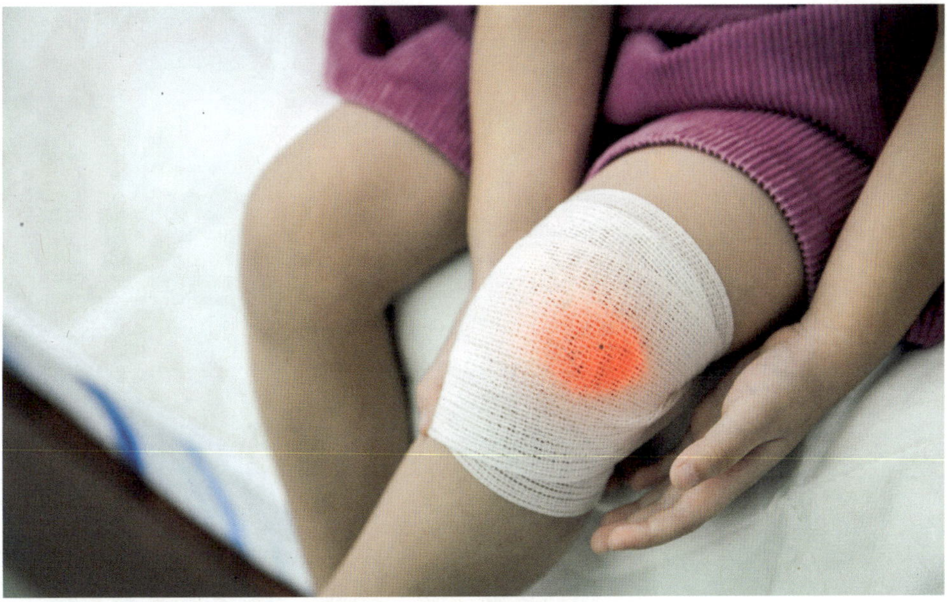

Wie versichern Sie sich richtig, um Ihre Angehörigen abzusichern?

Wenn Sie andere, beispielsweise Ihre Angehörigen, im Fall Ihres Todes finanziell absichern wollen, ist eine Risikolebensversicherung besonders wichtig. Aus der Risikolebensversicherung erhält die bezugsberechtigte Person die vereinbarte Versicherungssumme, wenn die versicherte Person während der Vertragslaufzeit stirbt.

Risikolebensversicherung

Insbesondere Familien mit Kindern, aber auch (Ehe-)paare ohne Kinder oder auch Geschäftspartner mit hohen finanziellen Belastungen stehen oftmals vor dem finanziellen Ruin, wenn ein Partner stirbt. Der Abschluss einer Risikolebensversicherung ist also immer dann dringend geboten, wenn beispielsweise der Tod eines Elternteils oder des Partners eine finanzielle Lücke reißt, die weder durch Renten noch durch vorhandenes Vermögen auszugleichen ist. Im Gegensatz zur Kapitallebensversicherung ist der Versicherungsschutz sehr preisgünstig zu haben, da die Leistung nur erbracht wird, wenn die versicherte Person stirbt. Da in der Risikolebensversicherung nicht, wie beispielsweise bei der Kapitallebensversicherung, Kapital angespart wird, erfolgt in der Regel keine Auszahlung von Kapital bei Ablauf des Vertrags.

Natürlich verdienen die Versicherungsgesellschaften auch in dieser Versicherungssparte an den Beiträgen der Mitglieder. Auf ihrem Briefkopf steht ja auch nicht »Samariter-Verein«, sondern meistens »Aktiengesellschaft«. In Zeiten steigender Lebenserwartung und damit seltener Inanspruchnahme der Versicherungsleistung aufgrund eines frühzeitigen Todes ist abzusehen, dass dort die Gewinne weiterhin steigen werden. Die Versicherer sind gesetzlich verpflichtet, ihre Versicherten an einem Teil dieser Gewinne teilhaben zu lassen. Dazu werden zwei Vertragsvarianten angeboten:

- Beim Todesfallbonus werden Ihnen die Gewinne in der Form gutgeschrieben, dass die Versicherungssumme ansteigt. Wer also zum Beispiel eine Summe von 100.000 Euro versichern möchte, hat nur einen Teil davon als garantierte Versicherungssumme und den restlichen Teil aus der Überschussbeteiligung. Wie groß dieser „Rest" ist, um dann auf 100.000 Euro Todesfallleistung zu kommen, schwankt je nach Gesellschaft von unter 50 Prozent bis zu 90 Prozent.
- Bei der Beitragsverrechnung werden die Gewinne unmittelbar von Ihren Beiträgen abgezogen. Sie haben also nicht den vorher vereinbarten Bruttobeitrag zu zahlen, sondern einen um die Verrechnung niedrigeren Nettobeitrag. Erwirtschaften die Gesellschaften nichts, kann der Nettobeitrag maximal auf den Bruttobeitrag angehoben werden. Bei dieser Variante ist die Versicherungssumme vollständig garantiert.

Für beide Varianten gilt, dass die Gewinne je nach Wirtschaftslage schwanken können. Sinkende Gewinne haben folgende Auswirkungen: Beim Todesfallbonus wächst die Versicherungssumme nicht mehr weiter wie bisher. In der Variante Beitragsverrechnung kann es passieren, dass der Beitrag bis zum ursprünglich vereinbarten Bruttobeitrag hin ansteigt.

Sinn der Risikolebensversicherung ist es, ausschließlich das finanzielle Risiko beispielsweise einer Familie abzusichern. Der Vertrag beinhaltet keinen Vermögensaufbau. Es soll zu einem möglichst günstigen Preis die gewünschte Absicherung erkauft werden. Sie sollten daher ausschließlich das System Beitragsverrechnung wählen. Wie sich dieses auf das Prämienniveau auswirkt, zeigt folgendes Beispiel:

Bei einem Vertrag über 100.000 Euro mit einer Laufzeit von 25 Jahren, abgeschlossen für eine 35-jährige Person, die Nichtraucher ist und keinen gefährlichen Beruf oder gefährliches Hobby ausübt, beträgt der Jahresbeitrag beim

- System Todesfallbonus rund 200 Euro und beim
- System Beitragsverrechnung rund 135 Euro.

Die Versicherungsbedingungen sehen vor, dass in den meisten Fällen keine Zahlung erbracht wird, wenn der Versicherte sich innerhalb der ersten drei Jahre der Vertragslaufzeit selbst tötet. Dieser Ausschluss soll verhindern, dass zum Beispiel ein verzweifelter Familienvater sich nach Feststellung seiner Insolvenz umbringt und zur Absicherung der Familie noch kurz vorher eine Lebensversicherung abschließt.

Weitere Risikoausschlüsse oder seltener Risikozuschläge können gleich mit Vertragsschluss vereinbart werden: Für den Tod bei aktiver Teilnahme an einem Kart- oder sonstigen Rennen, beim Paragliding, Tod beim Fallschirmspringen oder Motorradfahren oder sonstigen gefährlichen Sportarten. Da Extremsportarten immer beliebter werden, haben die Versicherer diese individuellen Ausschlüsse eingeführt. Sollten Sie einer solchen Freizeitbeschäftigung nachgehen, stellen Sie unbedingt sicher, dass der Versicherer dann im Todesfall zahlt.

Auch führten die Versicherer für Vertragsabschlüsse nach den Terroranschlägen in den USA eine „Terrorklausel" für Schäden durch Terroranschläge mit atomaren, biologischen oder chemischen Waffen ein.

Vertragsabschluss: Laufzeit und Versicherungssumme prüfen

Wird der Vertrag generell zur Absicherung der Kinder benötigt, wählen Sie eine Laufzeit bis zu dem Zeitpunkt, zu dem die Kinder voraussichtlich finanziell selbstständig und aus dem Haus sein werden. Je nach Familiensituation ist dies dann der Fall, wenn das jüngste Kind etwa 20 bis 25 Jahre alt ist.

Es ist sehr schwer, allgemein etwas zur Höhe der Versicherungssumme zu sagen. Familien, bei denen nur eine Person zum Lebensunterhalt beiträgt, sollten ungefähr folgende Summen abschließen:

- → Familie mit kleinen Kindern: mindestens vierfaches Jahresnettoeinkommen
- → Familie mit älteren Kindern: mindestens dreifaches Jahresnettoeinkommen.

Hat ein Ehepartner nach dem Tod des anderen kein oder nur ein kleines Einkommen, sollte folgende Versicherungssumme gewählt werden:

- → Kinderlose Ehepaare: mindestens einfaches Jahresnettoeinkommen.

Diese Beträge werden zwar nicht ein Leben lang ausreichen, sie sollten jedoch hoch genug sein, um den Angehörigen eine Neuordnung ihrer Lebensumstände und Lebensweise zu ermöglichen.

Die Risikolebensversicherung wird zum einen mit einer gleichbleibenden Versicherungssumme angeboten. Dann bleibt die Versicherungssumme von Beginn bis zum Ende des Vertrags gleich hoch.

Wenn der Vertrag nur zur Absicherung eines Darlehens benötigt wird, bei dem ein Teil des Darlehensbetrags mit jeder Zahlung getilgt wird (Annuitätendarlehen), können

Sie auch eine Risikolebensversicherung mit fallender Versicherungssumme wählen. Darlehens- und Versicherungssumme sollten immer gleichmäßig fallen und damit gleich hoch sein. Die Laufzeit des Versicherungsvertrags sollte der Laufzeit des Darlehens entsprechen.

Eine Risikolebensversicherung wird nicht nur mit fallender Versicherungssumme, sondern auch mit steigender Versicherungssumme angeboten.

Vergleichen Sie unbedingt die Beiträge. Bei dieser Versicherung entscheidet allein der Preis. Wie hoch die Unterschiede sein können, verdeutlicht folgendes Beispiel einer Risikolebensversicherung mit gleichbleibender Versicherungssumme.

Es wird jeweils der Jahresbeitrag angegeben, da Sie dadurch gegenüber einer monatlichen Zahlung deutlich weniger bezahlen müssen. Es handelt sich um den sogenannten Nettobeitrag: Die von der Versicherung mit Ihren Beiträgen erwirtschafteten Gewinne werden gleich mit dem »Bruttobeitrag« verrechnet (sogenannte Beitragsverrechnung).

Risikolebensversicherung
Frau/Mann (Nichtraucher/-in)
Jahresnettobeiträge circa

VERTRAGSBEGINN MIT	30 JAHREN	35 JAHREN	45 JAHREN
Günstiger Anbieter	111 Euro	129 Euro	171 Euro
Teurer Anbieter	440 Euro	505 Euro	704 Euro

Laufzeit bis zum 65. Lebensjahr, Versicherungssumme 100.000 Euro, Beitragsverrechnung

Risikolebensversicherung
Frau/Mann (Raucher/-in)
Jahresnettobeiträge circa

VERTRAGSBEGINN MIT	30 JAHREN	35 JAHREN	45 JAHREN
Günstiger Anbieter Jahresnettobeitrag circa	247 Euro	288 Euro	414 Euro
Teurer Anbieter	834 Euro	978 Euro	1.423 Euro

Laufzeit bis zum 65. Lebensjahr, Versicherungssumme 100.000 Euro, Beitragsverrechnung

Wie versichern Sie sich richtig, wenn Sie Schäden anrichten?

Der Abschluss einer privaten Haftpflichtversicherung ist für jeden ein unbedingtes »Muss«. Auch wenn Sie schon einen solchen Vertrag abgeschlossen haben, sollten Sie sich die Zeit nehmen, die folgenden Seiten zu lesen, um Ihre Absicherung zu prüfen.

Private Haftpflichtversicherung

Die Haftpflichtversicherung ist die wichtigste Versicherung im privaten Bereich. Sie tritt dann ein, wenn Sie sich gegenüber anderen Personen durch ihr Verhalten schadensersatzpflichtig gemacht haben.

> § GESETZLICHE GRUNDLAGEN
>
> Nach den §§ 823 ff. des Bürgerlichen Gesetzbuches (BGB) sind Sie verpflichtet, jeden Schaden zu ersetzen, den Sie anderen schuldhaft zufügen.

Diese Verpflichtung gilt in ihrer Höhe unbegrenzt. Beispielsweise können bei unglücklich schweren Verläufen von Unfällen leicht Schäden in Millionenhöhe entstehen. Wenn jemand etwa als Fahrradfahrer versehentlich mit einem Fußgänger zusammenprallt und der Fußgänger schwere Verletzungen davonträgt, ist der Radfahrer für alle daraus entstehenden Kosten haftbar. Je nach Schwere der Verletzungen des Fußgängers kann es für den Fahrradfahrer im schlimmsten Fall heißen, dass er den Rest seines Lebens zu Schadensersatzzahlungen herangezogen wird.

Neben der deliktischen Haftung nach § 823 BGB können Sie aus sogenannter Gefährdungshaftung in Anspruch genommen werden, wofür der Haftpflichtversicherer ebenfalls Schutz gewährt. Es gibt Lebensbereiche, in denen man auf einen möglichen Schadenseintritt keinen Einfluss hat, aber dennoch als Schädiger herangezogen wird. So sind etwa Eigentümer eines Öltanks für eingetretene Schäden auch dann haftbar, wenn diese ohne eigenes Verschulden eintreten, beispielsweise Schäden am Öltank durch eine Überschwemmung.

→ TIPP

Für Öltankbesitzer kann eine separate Gewässerschadenhaftpflichtversicherung notwendig werden → Seite 96

Das Leben steckt eben voller Risiken und Gefahren, auf deren Eintritt Sie oft keinen Einfluss haben. Jedoch können Sie die zum Teil enormen wirtschaftlichen Folgen für relativ wenig Geld absichern.

Wenn Sie also zu den leichtsinnigen Zeitgenossen gehören, die bisher glaubten, sich die etwa 50 Euro im Jahr für eine gute private Haftpflichtversicherung sparen zu können, sollten Sie schnellstmöglich aktiv werden und einen solchen Vertrag abschließen.

→ TIPP

Auch wenn Sie schon einen Vertrag haben, sollten Sie alle zwei bis vier Jahre über einen Wechsel nachdenken. Neuere Tarife bieten umfassenderen Schutz, beinhalten mehr Extraleistungen und sind zudem noch meist günstiger als ältere Verträge. Sofern sich die persönliche Situation ändert (Geburt von Kindern, ein Haustier zieht ein usw.), sollte der Schutz auf jeden Fall überprüft werden. So werden etwa in neueren Bedingungswerken Schäden im Rahmen einer Gefälligkeitshandlung (Beispiel Umzugshilfe) häufig mitversichert. In älteren Verträgen besteht hier meist ein Ausschluss.

Leistungen der Privathaftpflichtversicherung

Diese Versicherung ist in erster Linie dazu da, Schäden zu ersetzen, die Sie anderen schuldhaft zugefügt haben (neben der Gefährdungshaftung). Konkret bedeutet dass, die Versicherung zahlt für alle Schäden, die Sie fahrlässig oder sogar grob fahrlässig verursacht haben. Anders als bei der Hausrat- oder Wohngebäudeversicherung oder vielen anderen Versicherungsverträgen ist also in der Haftpflichtversicherung auch die grobe Fahrlässigkeit in vollem Umfang mitversichert.

Nicht selten kommt es vor, dass die Frage, ob ein Schaden schuldhaft verursacht wurde oder nicht, unter den Beteiligten streitig ist. Sollte es also so sein, dass Sie am Schadenseintritt keine Schuld trifft, hat Ihre

§ GESETZLICHE GRUNDLAGEN

Die Begriffe »Fahrlässigkeit» und »grobe Fahrlässigkeit» definieren Juristen folgendermaßen: Fahrlässig handelt, wer laut Bürgerlichem Gesetzbuch die »im Verkehr allgemein erforderliche Sorgfalt« missachtet. Hiervon ist schon jede leichte Unachtsamkeit erfasst, bei der die in Beispielen gerne bemühte »Ming-Vase« des Gastgebers zu Bruch geht. Grob fahrlässig hingegen handelt, wer die Sorgfaltspflichten, die jedem normal denkenden Menschen sofort ins Auge springen müssen, außer Acht lässt. Das bedeutet, dass Ihre Privathaftpflichtversicherung auch dann eintritt, wenn Sie sich bei der Herbeiführung des Schadens besonders leichtsinnig angestellt haben.

Haftpflichtversicherung in diesem Fall die vertragliche Aufgabe, Sie davor zu schützen, dass man sie unberechtigt in Anspruch nimmt. Nötigenfalls hat sie in einem solchen Fall Rechtsschutz zu geben.

Wann zahlt die Privathaftpflichtversicherung nicht?

In der Haftpflichtversicherung gibt es eine Reihe von Ausschlüssen. Die wichtigsten sind:

Ausschluss für vorsätzlich herbeigeführte Schäden

Ausgeschlossen sind Schäden, die vorsätzlich verursacht werden. Andernfalls könnte jemand, der die Scheibe eines Juwelierladens einschlägt und von der Polizei erwischt wird, seine Versicherung zum Schadensersatz für das Glas heranziehen.

Ausschluss beim Betrieb eines Kraftfahrzeugs

Die Privathaftpflicht zahlt nicht, wenn der Schaden beim Betrieb eines Kraftfahrzeugs entstanden ist. Das erscheint auf den ersten Blick nachvollziehbar, weil Sie dafür eine Kfz-Haftpflichtversicherung haben. Der Begriff »Betrieb eines Kfz« wird jedoch sehr weit gefasst. So sind zum Beispiel auch die Schäden nicht in der Privathaftpflicht versichert, die beim Be- und Entladen des Autos etwa durch einen Einkaufswagen entstehen. Das ist sehr ärgerlich, denn wenn Sie den Fall Ihrer Kfz-Versicherung melden, führt die Regulierung zwangsweise zu einer Hochstufung in der Schadensfreiheitsklasse. Falls auch Ihnen einmal ein solches Missgeschick passiert, sollten Sie den Vorgang sehr genau schildern. Zerkratzt der Einkaufswagen ein anderes Fahrzeug auf dem Weg zu Ihrem Auto oder haben Sie bereits alle Einkäufe verstaut, den Pkw verschlossen und sind schon auf den Weg zum Abstellplatz für die Einkaufswagen, zählen diese

Vorgänge nicht mehr zum »Betrieb eines Kfz«, und Ihre private Haftpflichtversicherung ist einstandspflichtig.

Ausschluss für Schäden durch Haustiere

Für tierische Mitbewohner wie Katzen, Meerschweinchen, Vögel usw. brauchen Sie keinen Extraschutz. Etwas anderes gilt aber für Hundebesitzer und Pferdeliebhaber. Hier gilt der Schutz der privaten Haftpflichtversicherung nicht. Sie benötigen einen Extraschutz in Form einer Tierhalterhaftpflichtversicherung → Seite 95.

Wer ist versichert?

In der Privathaftpflichtversicherung ist grundsätzlich die ganze Familie mit einem Vertrag abgesichert, also auch Kinder – letztere allerdings nur, solange sie unverheiratet sind. Dies gilt auch, wenn die (unverheirateten) Kinder volljährig sind und ihre erste Berufsausbildung noch nicht abgeschlossen haben. Ein minderjähriges Kind ist nicht mehr mitversichert, wenn es schon mit 17 Jahren eine Lehre beendet. Es muss nach der Gesellenprüfung eine eigene private Haftpflichtversicherung abschließen.

Einige Gesellschaften begrenzen die Mitversicherung volljähriger Kinder zum Beispiel auf das 25. Lebensjahr. Falls Sie schon eine private Haftpflichtversicherung haben, sollten Sie nachsehen, welche Regelung gilt.

Welche Versicherungssumme ist empfehlenswert?

Es sollte eine Deckungssumme von mindestens 5 Millionen Euro pauschal für Personen- und Sachschäden gewählt werden. Da die Beitragsunterschiede bei preiswerten Anbietern unter den verschiedenen Versicherungssummen nicht sehr groß sind, empfiehlt es sich, einen Vertrag mit 10 Millionen oder mehr (etwa 50 Millionen) zu wählen.

Welche zusätzlichen Klauseln sind sinnvoll?

Die Liste der auf dem Markt existierenden Versicherungstarife ist lang. Es gibt gute und schlechte Bedingungen. Zudem bieten die Versicherer häufig verschiedene Varianten an, und zwar einen Grundschutz (zum Beispiel einen sogenannten Basistarif) einen etwas besseren Schutz (zum Beispiel in der Variante „Komfort“ oder Ähnliches) und ein Premiummodell (zum Beispiel „Exklusiv“ oder Ähnliches). Deshalb ist ein Blick ins Kleingedruckte und ein Vergleich der jeweiligen Leistungen unverzichtbar. Einige Zusatzleistungen sollten in jedem guten Vertrag enthalten sein, andere Leistungen sind je nach Bedarf sinnvoll. Zum Teil sind die Zusatzleistungen ohne Aufpreis mit im jeweiligen Tarif enthalten.

→ **TIPP**

Bei manchen zusätzlichen – auch bereits im Grundschutz enthaltenen – Leistungen legt der Versicherer summenmäßige Höchstgrenzen fest; beispielsweise sind Mietsachschäden nur bis zu einer bestimmten Höchstgrenze versichert. Gleiches gilt für andere Zusätze wie „Verlust privater Schlüssel", „Forderungsausfalldeckung" und so weiter. Auch hier ist immer der Blick in die Versicherungsbedingungen, den Antrag und den Versicherungsschein sinnvoll.

Aufgrund der Vielzahl der auf dem Markt vorhandenen Bedingungen und Zusätzen kann an dieser Stelle nur ein grober Überblick gegeben werden.

Empfehlenswerter Grundschutz

Mietsachschadenklausel

Wenn Sie Mieter einer Wohnung sind, sollte Ihr Vertrag Mietsachschäden mit absichern, damit Sie für den Fall, dass Sie oder Ihre Familienangehörigen Schäden an der Wohnung des Vermieters anrichten, nicht auf den Kosten sitzen bleiben. Wichtig ist, dass dieser Schutz auch für gemietete Ferienwohnungen, Ferienhäuser und Schrebergärten gilt.

Allmählichkeitsschäden: Darunter sind solche Schäden in der Wohnung zu verstehen, die erst nach und nach, etwa durch Feuchtigkeit oder Ähnliches in Erscheinung treten. Dieser Einschluss ist für Mieter wichtig und sollte mitversichert sein.

Schäden an fremden Computern: Dieser wichtige Einschluss sichert Schäden ab, die Sie infolge versehentlich übertragener Computerviren an fremden Computern verursachen.

Schäden durch häusliche Abwässer: Schäden durch häusliche Abwässer, etwa durch einen defekten Waschmaschinenschlauch, sollten mitversichert sein. Hier gelten häufig Höchstgrenzen. Empfehlenswert ist eine Absicherung von mindestens 50.000 Euro.

Schutz bei vorübergehendem Auslandsaufenthalt: Der Haftpflichtversicherungsschutz sollte auch während Urlaubsreisen und anderen vorübergehenden Aufenthalten im Ausland gelten. Die Tarife sehen unterschiedliche Zeiträume vor, innerhalb derer Versicherungsschutz besteht (zum Beispiel ein Aufenthalt bis zu drei Jahren). Einzelne Anbieter versichern auch einen längeren Aufenthalt.

Weitere sinnvolle Zusatzbausteine je nach Bedarf

Schäden durch kleine Kinder: Insbesondere der erste Teil der Vorschrift des § 828

§ GESETZLICHE GRUNDLAGEN

§ 828 Bürgerliches Gesetzbuch (BGB) bestimmt: »Wer nicht das siebente Lebensjahr vollendet hat, ist für einen Schaden, den er einem anderen zufügt, nicht verantwortlich. Wer das siebente, aber nicht das achtzehnte Lebensjahr vollendet hat, ist für einen Schaden, den er einem anderen zufügt, nicht verantwortlich, wenn er bei der Begehung der schädigenden Handlung nicht die zur Erkenntnis der Verantwortlichkeit erforderliche Einsicht hat.«

BGB (siehe Infokasten oben) führt immer wieder zu Verärgerung zwischen Eltern von kleinen Kindern und anderen Personen, wenn zum Beispiel der vierjährige Nachwuchsrennfahrer mit seinem Bobbycar Kratzer an parkenden Fahrzeugen verursacht. Seit dem 1. August 2002 sind Kinder, die anderen Unfallschäden im Straßenverkehr zufügen, sogar bis zur Vollendung des 10. Lebensjahres als schuldunfähig zu betrachten.

Versicherer lehnen in solchen und ähnlichen Fällen oft den Schadensersatz mit der Begründung ab, das Kind sei schuldunfähig, und auch die Eltern treffe keine Schuld, weil sie ihrer Sorgfaltspflicht Genüge getan hätten. Auf diesen letzten Punkt kommt es in den Fällen entscheidend an. Es wird geprüft, ob die Eltern ein Verschulden trifft. Ist dies der Fall, hat die Haftpflicht zu zahlen.

Das Paradoxon »Aufsichtspflicht«: Gegenstand der Prüfung ist die Frage, ob die Eltern das Kind ausreichend beaufsichtigt haben. So paradox es für Sie vielleicht klingt: Wenn Sie nicht auf Ihr Kind aufpassen, muss die Haftpflicht zahlen.

Natürlich können Eltern nicht permanent ihren Nachwuchs im Auge haben. Je nach Veranlagung und Charakter des Kindes müssen Sie jedoch mehr oder weniger häufig nach ihm sehen. Ist es ein besonders ruhiges Kind, das noch nie etwas angerichtet hat, müssen dessen Eltern es weniger häufig kontrollieren als zum Beispiel einen fünfjährigen temperamentvollen »Bengel«, der schon einiges »angestellt« hat.

→ TIPP

Sollten Sie Wert darauf legen, dass Ihre Haftpflichtversicherung trotz fehlender Verletzung Ihrer Aufsichtspflicht den Schaden ersetzt, ist der Einschluss „Deliktunfähige Kinder“ notwendig. Achtung: Hier gelten häufig Höchstgrenzen, bis zu denen der Versicherer den Schaden ersetzt.

Problem »mittelloser Verursacher«

Zwar haben rund 80 Prozent der deutschen Haushalte eine Hausratversicherung, jedoch lediglich 69 Prozent eine Privathaftpflicht. Wenn Ihnen nun eine unversicherte Person einen größeren Schaden zufügt, haben Sie nur die Möglichkeit, sie privat in Regress zu nehmen. Was passiert aber, wenn der Verursacher mittellos ist? Um hier ihre Versicherten nicht schutzlos stehen zu lassen, bietet eine Reihe von Gesellschaften mit einer Zusatzklausel zum Vertrag die Forderungsausfalldeckung an. Preise und Leistungen sind wie schon in der Hauptversicherung sehr unterschiedlich. Sie müssen je nach Versicherer mit einem etwas teureren Beitrag als für die „normale" Privathaftpflicht rechnen. Voraussetzung für eine Leistung im Schadensfall ist in der Regel, dass Sie zunächst gegen den Schadensverursacher einen rechtskräftigen und vollstreckbaren Titel erwirken. Die dafür erforderlichen Prozesskosten werden zum Teil auch vom Versicherer mit übernommen (sogenannter aktiver Rechtsschutz).

Letzteres sollte mitgewählt werden, falls Sie nicht über eine Rechtsschutzversicherung verfügen. Das Gerichtskostengesetz besagt zwar, dass grundsätzlich die Person alle Kosten zu übernehmen hat, die verliert. In diesem Fall ist es der Schadensverursacher. Es besagt aber auch, dass der Gewinner alle Kosten übernehmen muss, wenn der Verlierer mittellos ist.

Einschluss von Schäden durch Gefälligkeitshandlungen

Der Versicherer haftet nicht für Schäden an Gegenständen, die anlässlich von Gefälligkeitshandlungen verursacht wurden.

BEISPIEL

Sie sind Ihrem Nachbarn bei Renovierungsarbeiten an dessen Haus behilflich und stoßen mit der Malerleiter versehentlich dessen kostbare Ming-Vase vom Tisch. Für diesen Schaden wird Ihr Versicherer nicht aufkommen müssen, denn Ihr Versicherer haftet nur dann, wenn Sie sich gegenüber anderen schadensersatzpflichtig gemacht haben. Dies ist im Beispielfall aber zu verneinen.

Bei Gefälligkeitshandlungen ist stets von einem »stillschweigenden Haftungsausschluss« zugunsten des Helfenden auszugehen, sodass diesen bei Schadenseintritt keine Ersatzpflicht trifft. Um den zu erwartenden Ärger mit dem leer ausgehenden Nachbarn abzumildern, bieten viele Versicherer für solche Fälle Pauschalleistungen bis zu einer bestimmten Höhe an.
Ob Ihnen Ihre Nachbarschaft der zum Teil entsprechend erhöhte Versicherungsbeitrag wert ist, müssen Sie entscheiden.

Einschluss von Schäden bei Leihe, Miete, Pacht

Schäden an Gegenständen, die Sie geliehen, gemietet oder gepachtet haben, sind grundsätzlich vom Versicherungsschutz ausgenommen. Dies führt zu Ärger, wenn man sich zum Beispiel von einem Freund eine

Videokamera geliehen hat und diese auf den Boden fällt.

Aber längst nicht alle Fälle, die die Versicherung als Leihe einstuft, müssen tatsächlich eine solche darstellen. In vielen Situationen haben Sie nämlich die Kamera nicht geliehen, sondern lediglich das, was der Jurist ein »besitzrechtloses Nutzungsverhältnis« nennt. Mit anderen Worten: Sie haben zwar das Recht, einen Gegenstand zu nutzen, aber nicht das Recht, ihn für einen bestimmten, vorher vereinbarten Zeitraum zu besitzen. Gerade dieses Besitzrecht ist es aber, das die Leihe, die Miete oder die Pacht auszeichnet.

Weitere mögliche Zusatzklauseln: Je nach Tarif können Schäden durch kleinere Bauvorhaben, Verlust fremder privater Schlüssel (zum Beispiel Wohnungsschlüssel), Fotovoltaikanlagen, Motorboote, Surfbretter und so weiter mitversichert werden.

Haftpflichtversicherungen für besondere Risiken

Eine Reihe von privaten Haftpflichtrisiken können Sie zum Teil nur durch Abschluss von besonderen Haftpflichtversicherungen abdecken. Zu den wichtigsten besonderen Risi-

ken im privaten Bereich zählen: Hunde, Pferde, Motor- oder Segelboote, Surfbretter, vermietete Wohnungen und Häuser, vermietete Geschäftsräume, unbebaute Grundstücke, unterirdische oder oberirdische Heizöltanks.

→ TIPP

Kleinere Bauvorhaben können mitunter auch bereits von der Privathaftpflichtversicherung abgedeckt sein.

Tierhalterhaftpflichtversicherung

Für alle Hundebesitzer ist der Abschluss einer Tierhalterhaftpflichtversicherung unbedingt notwendig. Gleiches gilt für Besitzer von Pferden.

In einigen wenigen Bundesländern gilt eine Versicherungspflicht für alle Hunderassen, etwa in Niedersachsen oder in Sachsen-Anhalt. In anderen Bundesländern ist die Versicherungspflicht auf bestimmte Rassen beschränkt.

Als Hundebesitzer haften Sie für sämtliche Schäden, die Ihr Hund anrichtet. Angenommen, Ihr Hund läuft auf die Straße und verursacht einen schweren Verkehrsunfall: Hier können im schlimmsten Fall Schadensersatzforderungen in Millionenhöhe entstehen.

Demgegenüber sind Katzen, Vögel und andere Kleintiere von der privaten Haftpflichtversicherung mit umfasst und benötigen deshalb keine zusätzliche Tierhalterhaftpflichtversicherung.

Bauherrenhaftpflichtversicherung

Baustellen sind Gefahrenquellen für spielende Kinder, Nachbarn, Besucher und Passanten. Wenn durch ungesicherte Schächte, nicht ganz einwandfrei gestapeltes Material, unzureichende Absperrungen, schlechte Beschilderungen und Beleuchtungen Dritte zu Schaden kommen, kann dies Schadenersatzforderungen in beträchtlicher Höhe nach sich ziehen. Viele Schäden lassen sich kaum aus eigener Tasche finanzieren. Wenn Personen zu Schaden kommen, kann dies leicht in die Hunderttausende gehen: Arzt, Krankenhaus, Pflegekosten, Verdienstausfall und Schmerzensgeld, schlimmstenfalls sogar eine lebenslange Rente können dann auf den Bauherren zukommen. Die Bauherrenhaftpflichtversicherung deckt diese Risiken ab und ist daher unerlässlich für Bauherren.

Der Häuslebauer steht mit seiner Verantwortung für die Baustelle zwar nicht alleine da; die mit der Bauleitung beauftragten Architekten und die für die Ausführung zuständigen Baufirmen und Handwerker müssen ebenso auf Sicherheit achten. Der Bauherr haftet allerdings gesamtschuldnerisch mit den übrigen am Bau Beteiligten gegenüber dem Geschädigten. Ist die hauptverantwortliche Firma zum Beispiel pleite, muss er auch bei nur geringem Mitverschul-

den den vollen Schaden ersetzen. Er muss dann selbst versuchen, seine Forderungen gegenüber der Baufirma oder dem Architekten durchzusetzen. Kommt es zum Streit darüber, ob der Architekt, der Unternehmer, der Handwerker oder der Bauherr selbst für entstandene Schäden aufzukommen hat, ist eine Bauherrenhaftpflichtversicherung äußerst hilfreich. Denn sie ist auch gleichzeitig eine Art Rechtsschutzversicherung zur Abwehr unberechtigter Ansprüche.

Versichert sind Baumaßnahmen wie Neubauten, Umbauten, Reparaturen, Abbruch- und Grabearbeiten. Mitversichert sind auch die Haftpflicht für ein unbebautes Grundstück und das zu errichtende Bauwerk.

Gewässerschadenhaftpflichtversicherung

Hausbesitzer, die eine Ölheizung haben, sollten über einen ausreichenden Gewässerschadenhaftpflichtschutz verfügen. Denn wenn der Öltank undicht ist und Heizöl das Erdreich verseucht, kann die Ausgrabung und Entsorgung für den Grundstückseigentümer sehr kostspielig werden. Je nach Versicherungsbedingungen und Größe des Öltanks kann ausreichender Schutz bereits über die private Haftpflichtversicherung gegeben sein. Andernfalls sollte unbedingt eine zusätzliche Gewässerschadenhaftpflichtversicherung abgeschlossen werden.

Haus- und Grundbesitzerhaftpflichtversicherung

Für Vermieter von Häusern oder Wohnungen sowie für Wohnungseigentümergemeinschaften ist ein zusätzlicher Schutz in Form der Haus- und Grundbesitzerhaftpflichtversicherung notwendig. Rutscht etwa der Nachbar im Winter auf dem nicht gestreuten, vermieteten Grundstück aus, können kostspielige Schadensersatzforderungen auf den Vermieter zukommen. Die Versicherungssumme sollte Schäden bis mindestens drei Millionen Euro abdecken.

Sofern Sie lediglich ein Zimmer oder nur eine Einliegerwohnung vermieten, greift in vielen Tarifen schon der Schutz der privaten Haftpflichtversicherung.

Betriebs-/Berufshaftpflichtversicherung

Im beruflichen Bereich ist für Selbstständige beziehungsweise Freiberufler eine Betriebs- oder Berufshaftpflichtversicherung sinnvoll. In vielen Berufen ist sie Pflicht, beispielsweise für Rechtsanwälte und Steuerberater.

Wie versichern Sie sich richtig gegen den Verlust von Hab und Gut?

Die finanziellen Folgen bei Beschädigung, Verlust oder Zerstörung von Eigenheim, Haushalt oder Hausrat können Sie durch Abschluss einer Wohngebäude- beziehungsweise Hausratversicherung absichern.

Eine Wohngebäudeversicherung ist ein Muss für jeden Eigentümer einer Eigentumswohnung oder eines Hauses. Der Kauf einer Immobilie ist für die meisten die größte finanzielle Anschaffung ihres Lebens. Wenn das Wohneigentum komplett zerstört wird, kann fehlender Versicherungsschutz den finanziellen Ruin bedeuten.

Die Wohngebäudeversicherung schützt Sie gegen viele Gefahren wie etwa Brand, Blitzschlag, Explosion, Sturm, Hagel sowie gegen Leitungswasserschäden am Wohngebäude. Ähnliches gilt für die Hausratversicherung, bezogen auf Ihre Wohnungseinrichtung.

Eine Hausratversicherung ist nicht in jedem Fall notwendig. Kann der Verlust des gesamten Hausrats ohne große finanzielle Belastungen ersetzt werden, ist eine Hausratversicherung verzichtbar. Allerdings unterschätzen viele den Wert des über die Jahre angeschafften Hausrats. Stellen Sie sich vor, die gesamte Wohnung brennt ab und Sie müssen sämtliche Gegenstände von Kleidung über Geschirr bis hin zum Fernseher neu kaufen. Wenn Sie dieses Risiko finanziell tragen können oder wollen, kann mitunter auf den Abschluss der Hausratversicherung verzichtet werden.

Bei beiden Policen gibt es etliches zu beachten.

→ TIPP

Schäden, die beispielsweise durch Überschwemmung, Starkregen oder ähnliche Elementargefahren an Ihrem Haus oder an

Ihrem Hab und Gut verursacht werden, sind nicht im Versicherungsschutz von Hausrat- und/oder Wohngebäudeversicherung eingeschlossen. Um sich gegen derartige Risiken abzusichern, ist eine Elementarschadenversicherung notwendig, die Sie (nur) zusätzlich zu Ihrer Wohngebäude- und/oder Hausratversicherung abschließen können. Der alleinige Abschluss einer Elementarschadenversicherung für das Wohngebäude und/oder den Hausrat ist nicht möglich.

Wenn Sie nicht Eigentümer eines Hauses oder einer Eigentumswohnung sind, können Sie den Abschnitt zur Wohngebäudeversicherung überspringen und direkt zur Hausratversicherung übergehen → Seite 107.

Wohngebäudeversicherung

Für Wohnungs-/Hauseigentümer ist eine Wohngebäudeversicherung ein Muss, denn eine Zerstörung der eigenen Immobilie kann den finanziellen Ruin bedeuten. Die Höhe der Versicherungsprämie hängt von vielen Faktoren ab, insbesondere von Größe, Lage, Baujahr und Ausstattung.

Da besonders bei der Wohngebäudeversicherung die Preise für dieselbe Immobilie zwischen den Versicherern auch bei gleichem Versicherungsumfang stark differieren, lohnt sich ein Preis- und Tarifvergleich. Zwischen günstigstem und teuerstem Anbieter können mehrere hundert Euro (pro Jahr) liegen. Kostet beispielsweise der Versicherungsschutz für eine bestimmte Immobilie bei einem günstigen Versicherer 250 Euro pro Jahr, kann die Versicherung für die gleiche Immobilie bei einem teuren Versicherer stolze 800 Euro pro Jahr kosten.

Was ist versichert?

In der Wohngebäudeversicherung sind die im Versicherungsschein genannten Gebäude sowie daran anschließende Terrassen oder Balkone versichert. Wenn Sie eine freistehende Garage oder ein Gartenhäuschen mitversichern möchten, muss dies zusätzlich in der Versicherungspolice aufgenommen werden.

Versichert ist das Gebäude mit seinen Gebäudebestandteilen und dem Gebäudezubehör. Damit sind fest mit der Immobilie verbundene Sachen wie Heizungsanlagen, Anlagen der Warmwasserversorgung, sanitäre Installationen, Markisen, Antennenanlagen als Gebäudebestandteile mitversichert. Als fest eingefügt gelten auch Kacheln und Fliesen sowie fest verklebte Teppiche. Einbaumöbel, insbesondere Einbauküchen gelten nur dann als Gebäudebestandteile, wenn diese individuell für das Gebäude gefertigt wurden. Zum Gebäudezubehör gehören zum Beispiel Klingel- sowie Briefkastenanlagen.

Gegen welche Gefahren sind Sie versichert?

Die Wohngebäudeversicherung übernimmt die Kosten für Schäden, die durch die unten genannte Gefahren verursacht werden. Dabei gibt es drei Grundbausteine, und zwar

1. Feuer
2. Leitungswasser
3. Sturm/Hagel.

Unter dem jeweiligen Grundbaustein sind verschiedene Gefahren versichert. Sie können sich auch nur gegen einzelne Gefahren eines Grundbausteins, beispielsweise nur gegen die Gefahr Feuer, absichern. Empfehlenswert ist aber, die »verbundene« Wohngebäudeversicherung (daher die Abkürzung VGB = verbundene Gebäudeversicherung) abzuschließen, in der sämtliche genannten Gefahren mitversichert sind. Nur ein möglichst umfassender Schutz bietet für Eigentümer von Immobilien die notwendige Sicherheit.

Die einzelnen Gefahren der Grundbausteine lauten:

Grundbaustein Feuer:

- Brand, das ist ein Feuer, das sich aus eigener Kraft ausbreiten kann
- Blitzschlag, das ist ein direkter Blitzeinschlag in das Gebäude und bestimmte Folgeschäden an versicherten elektrischen Einrichtungen und Geräten
- Überspannung durch Blitz (in älteren Bedingungen nicht automatisch mitversichert)!
- Explosion, Implosion
- Flugzeugabsturz

→ TIPP Rauchmelder

In vielen Bundesländern sind Rauchmelder bereits Pflicht. Dies ist von Bundesland zu Bundesland unterschiedlich geregelt. Informieren Sie sich über die Bestimmungen zur Rauchmelderpflicht im jeweiligen Bundesland. Der Versicherer verlangt die Einhaltung aller gesetzlichen, behördlichen sowie vertraglich vereinbarten Sicherheitsvorschriften. Kommen Sie dem nicht nach, verletzen Sie Ihre sogenannten Obliegenheiten und der Versicherer braucht je nach Schwere des Verschuldens nicht zu leisten oder kann Kürzungen vornehmen.

Grundbaustein Leitungswasser:

- Bruchschäden, das sind frostbedingte und sonstige Bruchschäden an Rohren der Wasserversorgung oder an Installationen wie Waschbecken, Armaturen, Heizkörpern usw.

→ TIPP

Der Versicherer unterscheidet bei Bruchschäden nach Schäden innerhalb von Gebäuden (= gesamter Baukörper einschließlich Bodenplatte) und außerhalb von Gebäuden und nimmt hier noch weitere Unterscheidungen vor. Innerhalb von Gebäuden sind sämtliche Bruchschäden an Zu- und Ableitungsrohren der Wasserversorgung und damit verbundenen Schläuchen versichert (also frostbedingte und sonstige Bruchschäden). Hinsichtlich der versicherten Bruchschäden an Installationen wie Waschbecken, Heizkörpern usw. gilt der Schutz nur gegen Frostschäden. Außerhalb von Gebäuden sind frost- und sonstige Bruchschäden wiederum nur bei Schäden an Zuleitungsrohren der Wasserversorgung (und Rohren von bestimmten Heizungsanlagen) versichert, nicht hingegen an Ableitungsrohren.

→ Nässeschäden, Entschädigung für Zerstörung, Beschädigung, Abhandenkommen an/von versicherten Sachen durch bestimmungswidrig austretendes Leitungswasser. Versichert sind Schäden durch Austritt von Leitungswasser sowohl aus Rohren der Wasserversorgung als auch aus mit dem Rohrsystem verbundenen Einrichtungen wie Hähne, Waschbecken, Waschmaschinen usw.

Grundbaustein Sturm/Hagel:

→ Sturm ab Windstärke 8 und die Folgeschäden

→ Hagel und Folgeschäden

Zusätzlicher Schutz: Elementarschadenversicherung

Vielen Versicherungsnehmern ist nicht bekannt, dass Schäden beispielsweise durch vollgelaufene Keller infolge von Starkregen o. Ä. vom Gebäudeversicherer nicht ersetzt werden. Denn jegliche Art von Schaden durch natürliches Wasser ist in der Gebäudeversicherung nicht gedeckt. Hier hilft nur der zusätzliche Abschluss einer Elementarschadenversicherung weiter. Die Klimaveränderungen der vergangenen Jahre sowie die aktuellen zahlreichen Unwetter in vielen Teilen Deutschlands lassen es sinnvoll erscheinen, diese Elementarschäden zusätzlich mitzuversichern.

Sie haben dann Schutz vor den Folgen von

→ Überschwemmung: Dies ist eine Überflutung des Grund und Bodens des versicherten Grundstücks mit erheblichen Mengen von Oberflächenwasser durch

a) Ausuferung von Flüssen oder Seen oder

b) Witterungsniederschläge oder

c) Austritt von Grundwasser an die Erdoberfläche infolge von a) oder b)

- Rückstau: Dieser liegt vor, wenn infolge Ausuferung von Gewässern oder aufgrund von Witterungsniederschlägen Wasser aus den Ableitungsrohren ins Gebäude eindringt.
- Erdbeben, -senkung, -rutsch
- Schneedruck
- Lawinen
- Vulkanausbruch.

Leider bekommt nicht jeder, der ihn braucht, den zusätzlichen Schutz der Elementarschadenversicherung. Wenn Ihre Eigentumswohnung oder Ihr Haus in einem stark überschwemmungsgefährdeten Gebiet liegt, ist den Versicherern das Risiko oft zu hoch und sie bieten keinen Versicherungsschutz an.

TIPP

Die vorgenannte Definition von Überschwemmung und Rückstau ist der Wortlaut der vom Gesamtverband der Versicherungswirtschaft vorgeschlagenen Musterbedingungen. Die Versicherer können diesen Text für ihre eigenen Versicherungsbedingungen übernehmen, sie können aber auch davon abweichen. Letzteres ist in der Praxis auch häufig der Fall. So finden sich Versicherungsbedingungen, die z. B. als Überschwemmung nur die Überflutung durch Ausuferung oberirdischer Gewässer ansehen. Hier fehlt die Überschwemmung aufgrund von Witterungsniederschlägen und an die Oberfläche gelangendes Grundwasser komplett und ist damit auch nicht versichert. Ein Blick in die Versicherungsbedingungen des Versicherers ist daher unerlässlich. Gleiches gilt für die Definition, wann ein Rückstau vorliegt. Auch hier sollte genau geprüft werden, welche Fälle der Versicherer absichert.

Die kürzlich vom Gesamtverband der Deutschen Versicherungswirtschaft e. V. (GDV) überarbeiteten Musterbedingungen, die nur eine Empfehlung an die Versicherer darstellen, sehen zwar eine automatische Mitversicherung dieser weiteren Elementargefahren in der Wohngebäudeversicherung vor. Viele Versicherer haben auch mittlerweile diese Bedingungen mit mehr oder weniger vorgenommenen Änderungen übernommen. Allerdings besteht der Schutz nicht automatisch. Es bedarf immer noch des ausdrücklichen Einschlusses der Elementarschadenversicherung (nur „soweit vereinbart“) in den jeweiligen Vertrag.

TIPP

Viele Versicherer sehen in ihren Bedingungen den Einbau von Rückstausicherungen/Rückstauklappen (in rückstau-/überflutungsgefährdeten Räumen) vor. Sofern solche dann nicht vorhanden sind, verletzen Sie ihre vertraglichen Obliegenheiten und der Versicherer braucht je nach Verschulden nicht zu leisten oder kann die Leistung kürzen. Andere Versicherer erlegen dem Versicherungsnehmer zwar nicht den Einbau von Rückstauklappen als Obliegenheit auf. Aber hier kann der Einbau von Rückstauklappen indirekt aus der ebenfalls zu beachtenden Obliegenheit, „alle gesetzlichen und behördlichen Sicherheitsvorschriften zu beachten“, folgen. Neben dem Einbau ist auch die regelmäßige Wartung der Rückstauklappen/Rückstausicherungen zu beachten.

Was der Versicherer noch (in der Regel) ersetzt bzw. was mitversichert sein sollte: Neben der oben beschriebenen Entschädigung für Zerstörung, Beschädigung usw. von Gebäuden/Gebäudebestandteilen und Zubehör werden in der Wohngebäudeversicherung die folgenden Kosten ersetzt. Nicht alle nachbenannten Leistungen sind je nach Versicherer und Tarif automatisch im Grundschutz enthalten.

→ Notwendige Aufräumungs- und Abbruchkosten (z. B. das Wegräumen und den Abtransport von Schutt), Bewegungs- und Schutzkosten (z. B. das Wegrücken einer Schrankwand wegen durchnässter Wand)
→ Mehrkosten infolge behördlicher Auflagen
→ Mietausfall
→ Dekontaminationskosten
→ Überspannungsschäden durch Blitz (falls nicht in neueren Bedingungen schon enthalten).

Weitere sinnvolle Einschlüsse: Der Versicherungsschutz für ein Wohngebäude lässt sich individuell gestalten. Es gibt eine Reihe an Zusatzleistungen, die je nach Bedarf hinzugenommen werden können oder auch bereits im Grundschutz enthalten sind. Wie auch in anderen Versicherungssparten haben die Versicherer die Leistungen in neueren Tarifwerken verbessert. Deshalb lohnt es sich, den Versicherungsschutz regelmäßig zu überprüfen und entweder beim eigenen Versicherer nach einem besseren Tarif zu fragen oder den Versicherer zu wechseln.

Es gibt eine Vielzahl an sinnvollen Einschlüssen bzw. Zusatzleistungen. Aufgrund der Vielzahl sind nachfolgend einige wichtige aufgeführt. Je nach Bedarf können weitere/andere Einschlüsse sinnvoll sein. Auch hier gilt, wie in allen Versicherungssparten, dass ein intensives Studium der Versicherungsbedingungen (inklusive Versicherungsschein, Antrag und sonstiger Informationen) sowie ein Vergleich der von Versicherer zu Versicherer unterschiedlichen Preise und Leistungen notwendig ist.

- Keine Kürzung der Versicherungsleistung bei grob fahrlässiger Schadensverursachung (andernfalls nimmt der Versicherer hier eine Kürzung der Versicherungsleistung je nach Schweregrad der groben Fahrlässigkeit vor)
- Entsorgung von entwurzelten Bäumen auf dem Grundstück (je nach Bedarf)
- Zusatzschutz für Solar- oder Fotovoltaikanlagen: Sind Sie Besitzer einer Solar- oder Fotovoltaikanlage, brauchen Sie möglicherweise eine zusätzliche Versicherung zur Wohngebäudeversicherung. Je nach Versicherer oder auch Größe der Anlage sind Schäden nicht von der Wohngebäudeversicherung mit umfasst.
- Regenfallrohre innerhalb des Gebäudes (Schäden aufgrund von Regenwasser aus Fallrohren sind nämlich grundsätzlich nicht mitversichert!)
- Weitere versicherte Sachen wie Zuleitungsrohre auf dem Grundstück, Zuleitungsrohre außerhalb des Grundstücks, Abwasserleitungen unter dem Grundstück
- Hotelkosten (bei Unbewohnbarkeit der Wohnung/des Hauses)
- Graffitischäden.

Der richtige Versicherungswert

Wohngebäudeversicherungen werden fast ausschließlich als »gleitende« Neuwertversicherung abgeschlossen. Bei der ermittelten Versicherungssumme handelt es sich nicht um eine feste Leistungsobergrenze. Vielmehr bestimmt der jeweils aktuelle Wiederaufbauwert des versicherten Objekts die Höhe der Entschädigung.

Die gleitende Neuwertversicherung bedeutet also, dass im schlimmsten Fall einer Totalzerstörung der Versicherer den Wiederaufbau des Gebäudes zu den aktuellen Baupreisen bezahlt.

Gebäudewert und Unterversicherung

Nach großen Brandschäden kommt es oft zwischen Versichertem und Versicherung zu einer Auseinandersetzung darüber, ob das Haus unterversichert ist oder nicht. Ist dies der Fall, muss der Kunde im Fall eines Totalschadens mit empfindlichen Einbußen rechnen. Aber auch bei Teilschäden wird dann gekürzt. Wie das Prinzip der Kürzung bei Unterversicherung funktioniert, können Sie ausführlich im Kapitel zur Hausratversicherung nachlesen → Seite 107. Um die Gefahr einer Unterversicherung zu vermeiden, empfiehlt es sich, den Wert der Immobilie vom Versicherer bestimmen zu lassen. Stellt sich nun in einem Schadensfall heraus, dass der Wert falsch berechnet worden ist, muss sich die Versicherungsgesellschaft den Fehler ihres Vertreters als Eigenverschulden anrechnen lassen und kann nicht wegen Unterversicherung die Leistung kürzen.

Haben Sie einen Versicherer ohne Außendienst gewählt, sollten Sie darauf achten, die

> § GESETZLICHE GRUNDLAGEN
>
> Bei der Wert- und auch bei der Preisermittlung werden Sie auf den »Versicherungswert 1914« stoßen. Dies ist ein fiktiver Rechenwert, der als Grundlage zur Ermittlung des Neubauwerts des Gebäudes und der Prämienhöhe verwendet wird. Es wird zunächst der theoretische Neubauwert der Immobilie im Jahr 1914 ermittelt. Der so ermittelte Wert bildet die Grundlage für den jeweiligen aktuellen Neubauwert. Dabei wird der Wert 1914 mit dem aktuellen Baupreisindex multipliziert. So erhält man den aktuellen Neubauwert.

Anleitung zur Wertermittlung im Fragebogen beziehungsweise Antragsformular genau zu befolgen.

Es gibt aber mittlerweile auch eine Reihe von Gesellschaften, die auf diese komplizierte Berechnung verzichten und die Berechnung des Versicherungswertes und der Versicherungssumme anhand der Wohnfläche anstelle des Gebäudewertes ermitteln.

→ TIPP Versicherungswert anpassen
Denken Sie daran, regelmäßig zu überprüfen, ob der bei Vertragsschluss zugrunde gelegte Versicherungswert noch aktuell ist. Möglicherweise wurden zwischenzeitlich das Dach oder der Keller ausgebaut, die Badezimmer erneuert usw. Sie sollten solche wertsteigernden Maßnahmen dem Versicherer unverzüglich melden. Möglicherweise ist eine Anpassung der Versicherungssumme notwendig. Gleiches gilt für neue Nebengebäude wie etwa Garagen oder Carports. Diese sollten in den Vertrag aufgenommen werden, damit sie vom Versicherungsschutz umfasst sind.

Kündigung

Sollten Sie den Versicherungsvertrag kündigen wollen – achten Sie darauf, dass durchgehend Versicherungsschutz besteht. Kündigen Sie erst, wenn Sie die bindende Zusage eines anderen Versicherers haben. Die ordentliche Kündigung zum Ablauf des Versicherungsjahres muss drei Monate vor Ende des Versicherungsjahres beim Versicherer eingehen. Zudem muss dem Versicherer spätestens einen Monat vor Ablauf ein Grundbuchauszug vorgelegt werden.

→ TIPP Versichererwechsel
Sofern die Immobilie noch mit einem Kredit belastet ist, muss der geplante Versichererwechsel der Bank angezeigt werden. Gleiches gilt bei einer Kündigung seitens des Versicherers. Die Bank

verlangt zumindest eine Absicherung des Gebäudes gegen Feuer.

Viele Gebäudeversicherer kündigen Altverträge nach einem Schadensfall (wozu beide Vertragsparteien berechtigt sind). Nach einer Kündigung des Versicherers ist es schwierig, einen neuen Vertrag bei einem anderen Versicherer zu erhalten. Im Rahmen eines Neuantrags fragt der Versicherer danach, wer die Versicherung gekündigt hat. Um diese Situation nach Möglichkeit zu vermeiden, sollten Sie, falls der Versicherer Ihnen neben der Kündigung ein Angebot für einen neuen, teureren Vertrag anbietet, diesen zunächst annehmen. Danach können Sie in aller Ruhe nach einem günstigeren Vertrag Ausschau halten und dann selber zum nächstmöglichen Zeitpunkt den Vertrag kündigen.

→ **TIPP Wohngebäudeversicherungsschutz bei Eigentümerwechselel**
Beim Erwerb einer Immobilie geht der Wohngebäudevertrag automatisch auf den Erwerber über. Hier bestehen aber sowohl seitens des Versicherers als auch aufseiten des Erwerbers Sonderkündigungsrechte. Problematisch ist der Zeitpunkt des Übergangs des Versicherungsschutzes. Dieser geht nämlich erst mit Eintragung als neuer Eigentümer ins Grundbuch über. Gefährlich ist hierbei die Zeit zwischen Kauf und Eintragung im Grundbuch. Prämienschuldner ist zwar noch der Verkäufer, sollte dieser aber aus irgendwelchen Gründen die Prämien nicht mehr bezahlen, erfahren Sie davon unter Umständen nichts. So ist es möglich, dass der Wohngebäudeversicherer mangels Prämienzahlung dem Verkäufer den Vertrag kündigt und Sie ohne Versicherungsschutz für die Immobilie dastehen. Klären Sie daher rechtzeitig mit dem Verkäufer die Situation und achten sie darauf, dass der Versicherer rechtzeitig vom Wechsel des Eigentümers erfährt und die Prämienzahlungen sichergestellt sind.

Hausratversicherung

Überschlagen Sie einmal den gesamten Neuwert Ihrer Wohnungseinrichtung. Wenn Sie Raum für Raum durchgehen, werden Sie sicher staunen, was alles in allem zusammenkommt. Diesem Betrag stellen Sie gedanklich Ihr Erspartes und das monatliche Einkommen Ihrer Familie gegenüber.

Angenommen, Ihr Hab und Gut würde durch einen Brand im Haus vollständig zerstört: Wären Sie in der Lage, es durch eigenes Vermögen wieder zu ersetzen?

Falls ja, benötigen Sie nur dann eine Hausratversicherung, wenn Sie Ihr Vermögen dafür nicht einsetzen möchten, weil es zum Beispiel für die private Altersvorsorge gedacht ist.

Falls nein, dann ist der Abschluss einer Hausratversicherung sehr wichtig. Selbst wenn Sie zu der Mehrzahl der deutschen Haushalte gehören, die schon einen solchen Vertrag haben, sollten Sie sich unsere Tipps zur Vertragsgestaltung und zum Vorgehen im Schadensfall durchlesen. Zudem sollte der Schutz regelmäßig überprüft werden. Neuere Versicherungsbedingungen bieten häufig mehr Schutz zum selben Preis oder gar günstiger an. Zwischen den einzelnen Versicherern bestehen enorme Preisunterschiede. Zudem ändert sich im Laufe der Jahre möglicherweise der Wert des gesamten Hausrats und es bedarf einer Anpassung.

Welche Gegenstände sind versichert?

Grundsätzlich sind alle beweglichen Gegenstände, die die Mitglieder Ihres Haushaltes ge- oder auch verbrauchen, versichert. Das gilt auch für fremde Gegenstände, die Sie zum Beispiel geliehen haben.

Grundsätzlich sind alle fest mit dem Gebäude verbundenen Gegenstände nicht versichert. Es gibt aber Ausnahmen: Wenn Sie als Mieter zum Beispiel eine Einbauküche eingebaut haben, die Sie bei Ihrem Auszug wieder ausbauen könnten, gehört diese zum Hausrat. Generell ausgeschlossen sind jegliche Land- und Wasserfahrzeuge.

Bis zu einer bestimmten prozentualen Wertgrenze der Versicherungssumme (häufig 20 Prozent der Versicherungssumme) sind außerdem folgende Wertgegenstände sowie Bargeld versichert: Urkunden einschließlich Wertpapieren, Schmuck, Edelsteine, Perlen, Briefmarken, Münzen, Medaillen, Gegenstände aus Gold oder Platin, Pelze, handgeknüpfte Teppiche, Gobelins und Kunstgegenstände. Reichen die 20 Prozent der Versicherungssumme für die Wertgegenstände nicht aus, kann man sie durch besondere Vereinbarung und gegen zusätzlichen Beitrag erhöhen. Für Bargeld, Urkunden und Sparbücher gelten weitere Beschränkungen (Bargeld nur bis z. B. 1.000 Euro usw.).

Zudem ist hierbei noch zu beachten, dass neben der vorgenannten allgemeinen Entschädigungsgrenze und weiteren Einschränkungen besondere – höhere – Entschädigungsgrenzen für bestimmte Wertsachen (z. B. für Schmuck, Edelsteine, Münzen usw.) gelten, wenn sich diese Wertsachen in einem Wertschutzschrank befinden.

Es gibt etliche Zusatzbausteine/Zusatzklauseln, die Extraleistungen beinhalten. Die Verträge sind häufig so gestaltet, dass der jeweilige Versicherer mehrere Tarifvarianten anbietet, z. B. Basis, Komfort, Premium. Je nach Tarifwahl sind mal mehr und mal weniger Zusatzbausteine schon mit enthalten und brauchen nicht gesondert vereinbart zu werden. Ein gründlicher Blick in die Versicherungsbedingungen ist hier – wie bei allen Versicherungsverträgen – unumgänglich. Zu den Zusatzleistungen → Seite 114

Gegen welche Gefahren ist der Hausrat versichert?

Bei den Standardbedingungen ist der Hausrat nicht gegen alle Gefahren des täglichen Lebens abgesichert. Und da ein Brand im Verständnis des Laien noch lange kein Brand im versicherungstechnischen Sinne sein muss, werden Sie in der Aufstellung der versicherten Gefahren immer ein Beispiel finden, was darunter zu verstehen ist und was nicht → Seiten 110/111

Bevor Sie sich danach aber zu sicher fühlen, lesen Sie genau in den Bedingungen nach, wann zum Beispiel Ihr Rad überhaupt abgesichert ist. So zahlen die meisten Hausratversicherer nicht, wenn das Fahrrad zwischen 22 Uhr am Abend und 6 Uhr am Morgen (natürlich angekettet) auf der Straße steht. Sofern Ihnen auch der Nachtschutz für das Fahrrad auf der Straße wichtig ist, hilft nur: Versicherer/Versicherungstarif wechseln.

Wo ist der Hausrat versichert?

Ihre Habe ist zunächst einmal in der Wohnung und in den Nebengebäuden inklusive privat genutzter Garage versichert, deren Adresse im Versicherungsschein genannt ist. Während eines Umzugs ist der Hausrat in beiden Wohnungen geschützt.

Bis zu einer bestimmten Grenze ist der Hausrat auch weltweit auf Reisen versichert. Die meisten Versicherungsbedingungen sehen bei einem Aufenthalt im Ausland einen Schutz für maximal zwei bis drei Monate vor. So ist Ihr Hab und Gut im Rahmen dieser Außenversicherung geschützt, wenn jemand in das verschlossene Hotelzimmer eindringt. Außerhalb Ihrer Wohnung ist Ihr Hausrat ebenfalls über die Hausratversicherung geschützt, wenn Sie beispielsweise auf offener Straße ausgeraubt werden.

Im Zusammenhang mit Urlaubsfahrten kommt es oft zu einem weiteren Ärgernis, wenn Gegenstände aus dem Auto gestohlen werden. Ein Einbruchdiebstahl liegt unter anderem auch dann vor, wenn jemand innerhalb eines Gebäudes ein verschlossenes Behältnis aufbricht. Übertragen auf das Auto bedeutet dies: Befindet sich der Wagen, der in diesem Fall das verschlossene Behältnis darstellt, in einem Gebäude, etwa in einer Garage, sind die Gegenstände, die sich darin befinden, versichert. Steht das Auto auf der Straße, ist es zwar immer noch ein verschlossenes Behältnis, es befindet sich jedoch nicht in einem Gebäude und damit sind Gegenstände, die im Auto liegen, unversichert.

Nachdem sich einige Gerichte nicht einig waren, ob diese Regelung sich für den

Leistungsumfang einer Hausratversicherung

VERSICHERTE GEFAHR	BEISPIEL FÜR EINEN VERSICHERUNGSFALL	BEISPIEL FÜR EINEN NICHT VERSICHERTEN FALL
Brand, das ist ein Feuer, das sich aus eigener Kraft ausbreiten kann.	→ Der Adventskranz entzündet sich und verursacht einen Zimmerbrand. → Ein defektes Elektrokabel entzündet die Gardine.	→ Ihre Lieblings-CD verformt sich durch Sonnenhitze im Auto. → Eine Zigarettenkippe kokelt ein Loch in den Teppich (Sengschaden).
Blitzschlag, darunter versteht man einen direkten Blitzeinschlag und bestimmte Folgeschäden	→ Der Blitz trifft direkt den Satellitenempfänger auf dem Dach. → Der Blitz fällt einen Baum, dieser fällt durch das Dach in die obere Wohnung und beschädigt Möbel.	→ Der Blitz verursacht eine Überspannung im E-Werk, die Ihren Computer beschädigt (Überspannungsschaden)*.
Explosionen, das sind Gase, die ein plötzliches Freiwerden von Energie verursachen.	→ Eine Mineralwasserflasche explodiert durch starken Druck, weil sie in der Sonne steht, herumfliegende Scherben zerkratzen den Fernsehbildschirm.	→ Eine Flasche platzt, weil die Flüssigkeit gefriert und sich ausdehnt.
Einbruchdiebstahl und Vandalismus → Jemand bricht gewaltsam in ein Gebäude ein. → Jemand eröffnet mit einem illegalen Nachschlüssel ein Gebäude oder ein verschlossenes Behältnis.	→ Der Dieb schlägt das Fenster ein und räumt die Wohnung aus. → Ein Schrank im Fitnesscenter wird aufgebrochen und geleert. → Ein Navigationsgerät wird aus dem Auto gestohlen, das im Parkhaus steht. → Die Diebe finden nicht, was sie suchen, und verwüsten die Wohnung.	→ Der Dieb dringt durch die geöffnete Terrassentür ein. → Der Dieb betritt die Wohnung mit einem Originalschlüssel, den er unter der Fußmatte gefunden hat. → Das Fahrrad wird mitgenommen.*

→

VERSICHERTE GEFAHR	BEISPIEL FÜR EINEN VERSICHERUNGSFALL	BEISPIEL FÜR EINEN NICHT VERSICHERTEN FALL
Raub, das ist → die Wegnahme mit unmittelbarer Gewalt, → die Wegnahme mit Drohung körperlicher Gewalt, → das Ausnutzen der plötzlichen Beeinträchtigung der Widerstandskraft zur Wegnahme.	→ Der Laptop wird Ihnen entrissen, obwohl Sie die Tasche festhalten. → Sie werden mit einem Messer bedroht, damit Sie den Laptop hergeben. → Sie werden an einem schwülen Tag ohnmächtig und bestohlen.	→ Ein Dieb schleicht sich von hinten heran und stiehlt den Laptop aus der Tasche, ohne dass Sie es bemerken. → Sie liegen sturztrunken am Boden, als man Sie bestiehlt.
Leitungswasser, das ist Wasser, das bestimmungswidrig aus dem Rohrsystem der Wasserversorgung oder den damit verbundenen anderen Einrichtungen ausläuft.	→ Wasser flutet aufgrund eines Rohrbruchs in die Wohnung. → Der Zu- oder Ablaufschlauch der Spülmaschine platzt.	→ Schäden durch eine Überschwemmung.* → Das Aquarium platzt.* → Ein Eimer fällt um.
Sturm ab Windstärke 8 und die Folgeschäden	→ Ein Sturm schlägt einen Baum aufs Dach. → Regenwasser tritt ein und beschädigt die Möbel.	→ Der Sturm peitscht Flugdreck durch ein geöffnetes Fenster. → Die Gartenmöbel werden draußen zerstört.
Hagel und Folgeschäden	→ Hagelkörner zerstören ein Fenster. Gardinen und Möbel werden ruiniert.	→ Auf der Flucht vor dem Hagel haben Sie einen tragbaren Fernseher auf der Terrasse stehen lassen.

Die mit einem * gekennzeichneten Fälle können Sie gesondert absichern, falls nicht schon im Grundschutz enthalten.

rechtsunkundigen Laien aus den Versicherungsbedingungen ergibt, haben nun eine Reihe von Gesellschaften ihre Bedingungen dahin gehend geändert, dass auch der Aufbruch auf der Straße grundsätzlich versichert ist. Wenn nicht gerade wieder einmal grobe Fahrlässigkeit unterstellt wird. Dazu gleich mehr → Seite 114.

Was ersetzt der Versicherer?

Sind Gegenstände zerstört oder gestohlen worden, zahlt die Versicherung die Summe, die Sie benötigen, um gleichwertige Sachen neu zu kaufen. Die Hausratversicherung ist damit eine Neuwertversicherung. Bei beschädigten Sachen werden die Reparaturkosten sowie eine dadurch bedingte Wertminderung ausgeglichen.

Außerdem sind bestimmte Kosten, die infolge des Versicherungsfalls eintreten, (in der Regel im Grundschutz mit-) versichert, sofern sie tatsächlich auch anfallen.

- → Aufräumungskosten: zum Beispiel den Abtransport des Brandabfalls
- → Bewegungs- und Schutzkosten
- → Hotelkosten, Transport- und Lagerkosten, Bewachungskosten: Ist die Wohnung unbenutzbar, werden die Kosten für das Hotel und die Unterbringung des Hausrats, begrenzt auf eine bestimmte Anzahl von Tagen, übernommen. Bieten Schließvorrichtungen der versicherten Wohnung keinen ausreichenden Schutz, werden Kosten für die Bewachung des Hausrats übernommen.
- → Schlossänderungskosten: Sind Schlüssel abhandengekommen, werden die Kosten für Schlossänderungen der Wohnung ersetzt.
- → Reparaturkosten für Gebäudeschäden, Reparaturkosten für Nässeschäden an Bodenbelägen, Tapeten usw.: In gemieteten Wohnungen gibt es auch Ersatz bei Leitungswasserschäden für Tapeten und Bodenbeläge.

Darüber hinaus kann der Ersatz weiterer Kosten vereinbart werden.

Wertermittlung und Unterversicherung

Bevor Sie nun einen Vertrag abschließen oder vielleicht Ihren bestehenden ändern oder zu einem anderen Versicherungsunternehmen wechseln, müssen Sie den Gesamtwert Ihres Hausrats ermitteln, der dann der Versicherungssumme entspricht. Dazu gibt es zwei Möglichkeiten:

Konkrete Wertermittlung

Sie gehen mit einer Liste durch die Wohnung und ermitteln konkret den Anschaffungspreis für jeden Gegenstand. Das ist zwar sehr aufwendig, hat aber den Vorteil, dass Sie weder über- noch unterversichert sind und keine zu hohe Versicherungsprämie zahlen müssen. Außerdem haben Sie gleichzeitig eine Liste erstellt, mit der Sie zum Beispiel nach einem Einbruchdiebstahl ermitteln können, was fehlt.

Doch kein Vorteil ohne Nachteil: Neben dem großen Aufwand, der nötig ist, werden Sie in vielen Fällen nicht mehr wissen, wie hoch der Neupreis für die Anschaffungen war. Der entscheidende Haken ist jedoch, dass die Versicherung im Schadensfall von Ihnen nicht nur den Nachweis über die gestohlenen oder zerstörten Gegenstände verlangt, sondern darüber hinaus noch prüft, ob Sie möglicherweise unterversichert sind.

Liegt eine Unterversicherung vor, wird die Ersatzleistung in dem Verhältnis gekürzt, das dem von Versicherungssumme zum Gesamtwert des Hausrats entspricht.

Dieser Problematik können Sie ausweichen, indem Sie die Versicherungssumme entsprechend der Größe ihrer Wohnung in Quadratmetern berechnen.

BEISPIEL

Problem Unterversicherung

Welche Folgen eine Unterversicherung im Schadensfall hat, lässt sich am besten an einem Beispiel darstellen:

Gesamtwert ihres Hausrats
→ 200.000 Euro
Versicherungssumme ihrer Police
→ 100.000 Euro
Schaden nach einem Zimmerbrand
→ 50.000 Euro

Nun könnte man meinen, dass der Schaden vollständig ersetzt wird, da er noch unter der Versicherungssumme liegt. Weit gefehlt: Da die Versicherungssumme nur der Hälfte des Wertes Ihres Hausrats entspricht, erhalten Sie auch nur den halben Schadensersatz in Höhe von 25.000 Euro.

Die Quadratmeterlösung

Bei dieser Berechnung wird ein fester Betrag pro Quadratmeter festgelegt, der in der Regel 650 Euro beträgt. Die Versicherungssumme ergibt sich aus der Multiplikation der Quadratmeter mit diesem Betrag. Bei einer Wohnungsgröße von 100 Quadratmetern ergäbe sich damit eine Versicherungssumme in Höhe von 65.000 Euro.

Nachteil dieses Verfahrens: Diese Berechnung ist nicht sehr genau. Sie kann zu einer erheblichen Über- oder Unterversicherung führen. Sollte der Wert Ihres Hausrats wesentlich höher liegen, haben Sie bei der Quadratmeterlösung die Möglichkeit, eine höhere Summe als die standardisierten 650 Euro zu wählen.

Der Vorteil dieser Methode: Sie ersparen sich eine aufwendige Ermittlung des Preises eines jeden Gegenstandes. Die Versicherung wird im Schadensfall nicht prüfen, ob Sie unterversichert sind. Denn wenn Sie die Quadratmeterpauschale wählen, wird die Unterversicherungsverzichtsklausel Teil Ihres Vertrags (natürlich begrenzt auf die vereinbarte Versicherungssumme, also in unserem Beispiel höchstens 100.000 Euro).

Stellt sich nach einem Schaden heraus, dass Sie doch unterversichert sind, erhalten Sie trotzdem die volle Versicherungssumme. Mit den Werten unseres Beispiels erhalten Sie in diesem Fall dank der »Unterversicherungsverzichtsklausel« 50.000 Euro und nicht nur 25.000 Euro ausgezahlt.

Zusatzbausteine, Zusatzklauseln und Leistungserweiterungen

Durch Vereinbarung von Zusatzklauseln – falls nicht schon im Grundschutz mit enthalten – können Sie den Schutz erweitern. Folgende Extras sollten/können je nach Bedarf ebenfalls mitversichert werden:

→ Überspannungsschäden (wichtig): Selbst wenn der Blitz in einiger Entfernung in Überlandleitungen einschlägt, kann dies infolge von sogenannten Spannungsspitzen zur Beschädigung der in der Wohnung befindlichen technischen Geräten führen. Diese Gefahr sollte im Zeitalter von Computer, teuren Flachbildgeräten, Playstation, X-Box und Co. mitversichert sein.

→ Diebstahl von Fahrrädern außerhalb geschlossener Räume (je nach Bedarf): Haben Sie oder ein anderes Mitglied Ihres Haushalts ein teures Fahrrad? Dann sollten Sie über eine Erweiterung Ihrer Hausratversicherung nachdenken, die Sie vor den finanziellen Folgen des (einfachen) Diebstahls des auf der Straße abgeschlossenen Fahrrades schützt.
Achtung: In manchen Tarifen ist eine sogenannte Nachtzeitklausel enthalten, die keinen Versicherungsschutz für einen Diebstahl zwischen 22 und 6 Uhr gewährt. Zudem ist die Entschädigung je Versicherungsfall auf eine bestimmte (vertraglich vereinbarte) Versicherungssumme begrenzt (z. B. bis 2.000 Euro).

→ TIPP

Der Einschluss des einfachen Diebstahls in der Hausratversicherung ist häufig günstiger als der Abschluss einer separaten Fahrradversicherung.

→ Verzicht auf Leistungskürzung bei grob fahrlässig herbeigeführtem Schaden (wichtig): Sofern diese Zusatzklausel vereinbart ist, verzichtet der Versicherer – je nach Umfang bis zu einer bestimmten Grenze oder auch unbegrenzt – auf den Einwand, dass Sie den

Schaden grob fahrlässig verursacht haben. Haben Sie zum Beispiel vergessen, bei Verlassen der Wohnung das gekippte Fenster zu schließen und steigt der Dieb durch das Fenster ein, kann der Versicherer nicht einwenden, dass Sie den Schaden grob fahrlässig herbeigeführt haben. Der Versicherer ersetzt Ihnen dann (je nach vereinbarter Grenze) den kompletten Schaden.

- Diebstahl aus Kfz (je nach Bedarf): Achtung, häufig gelten für den Diebstahl von Hausrat aus dem verschlossenen Kfz auch sogenannte Nachtzeitklauseln (kein Schutz bei Diebstahl zwischen 22 und 6 Uhr)
- Rückreisekosten aus dem Urlaub (je nach Bedarf) aufgrund eines eingetretenen Versicherungsfalls (häufig dahin gehend begrenzt, dass ein Schaden voraussichtlich eine bestimmte Summe übersteigt)
- Austritt von Wasser aus Aquarien, Wasserbetten (je nach Bedarf)
- Diebstahl von Gartenmöbeln und Wäsche auf der Leine, Diebstahl von Kinderwagen, Gehhilfen, Rollstühlen (je nach Bedarf)
- Diebstahl von Hausrat aus Krankenzimmern eines Krankenhauses (je nach Bedarf).

Elementarschadenversicherung: Schutz gegen weitere Elementarschäden

Zudem können Sie sich zusätzlich gegen die Folgen von weiteren Elementarschäden wie

CHECKLISTE

Richtiges Verhalten im Schadensfall

- ☐ Schaden unverzüglich dem Versicherer melden, gegebenenfalls auch der Polizei, etwa bei Einbruch
- ☐ Schadenminderungsmaßnahmen, sofern möglich, vornehmen: z. B. kaputte Fensterscheiben notdürftig abdichten, damit es nicht hereinregnet
- ☐ das Schadensbild unverändert lassen (sofern nicht – gegebenenfalls auf Anweisung des Versicherers – Schadenminderungsmaßnahmen ergriffen werden müssen)
- ☐ beschädigte oder zerstörte Gegenstände nicht entsorgen
- ☐ nach Möglichkeit den Schaden fotografisch festhalten
- ☐ im Falle eines Einbruchs unverzüglich eine möglichst detaillierte Stehlgutliste anfertigen und diese dem Versicherer und der Polizei einreichen
- ☐ die Weisungen des Versicherers befolgen.

zum Beispiel Überschwemmungen durch übergetretene Flüsse, Starkregen, Rückstau oder Erdrutsche schützen. Wird beispielsweise aufgrund eines Starkregens der Keller oder das Erdgeschoss unter Wasser gesetzt, übernimmt der Hausratversicherer nicht die Kosten für den beschädigten Hausrat. Denn in der Hausratversicherung sind nur Leitungswasserschäden erfasst. Hier ist ein zusätzlicher Schutz in Form der Elementarschadenversicherung notwendig, die als Ergänzung zur Hausratversicherung vereinbart werden kann.

Siehe hierzu bereits die Ausführungen auf Seite 102 (im Rahmen der Wohngebäudeversicherung).

→ **TIPP Gefahrerhöhung**

Melden Sie Ihrer Assekuranz gefahrerhöhende Umstände. Wird die Wohnung beispielsweise über einen längeren Zeitraum nicht bewohnt und auch nicht beaufsichtigt oder werden etwa vereinbarte Sicherungen beseitigt, liegt eine Gefahrerhöhung vor. Diese bedarf der Zustimmung des Versicherers. Verletzen Sie diese Pflicht, gefährden Sie Ihren Versicherungsschutz.

Insbesondere nach einem großen Einbruchdiebstahl fällt es Versicherten oft sehr schwer, den Nachweis zu erbringen, was genau gestohlen wurde. Oder haben Sie vielleicht die Quittungen aller Anschaffungen für Ihren Haushalt aufbewahrt? Es empfiehlt sich daher, in regelmäßigen Abständen mit einer Videokamera oder einem Fotoapparat den gesamten Haushalt zu dokumentieren. Wenn Sie Ihrer Versicherung im Schadensfall beweisen können, dass Sie etwas besessen haben, wird sich die Gesellschaft erfahrungsgemäß danach nicht mehr bei der Ermittlung des Neupreises für ein gleichwertiges Gerät querstellen.

→ TIPP

Für die Zukunft sollten Sie an einer sicheren Stelle im Haus ein Kästchen oder eine Mappe aufbewahren, in das oder in die Sie ungeordnet einfach sämtliche Quittungen hineinlegen. Idealerweise bewahren Sie Belege und andere Nachweise außerhalb der Wohnung auf. So sind die Nachweise auch vor einem Brand sicher.

Wie versichern Sie sich richtig gegen das Risiko hoher Prozesskosten?

Eine Rechtsschutzversicherung ist grundsätzlich sinnvoll. Sofern Sie als Autofahrer am Straßenverkehr teilnehmen, sollte jedenfalls eine Verkehrsrechtsschutzversicherung abgeschlossen werden.

Rechtsschutzversicherung

Sind Sie gegen Berufsunfähigkeit versichert, ist ein Rechtsschutz für Vertrags- und Sachenrecht ratsam. Greifen Sie jedoch nicht gleich zum Rundumschutz, wie zum Beispiel Privat-, Berufs- und Verkehrsrechtsschutz für Nichtselbstständige, sondern versuchen Sie sich durch gezielte Auswahl der Bausteine kostengünstig abzusichern.

Verkehrsrechtsschutz

Im Verkehrsrechtsschutz ist der Versicherungsnehmer als Eigentümer, Halter, Fahrer oder Insasse aller auf ihn zugelassenen Kraftfahrzeuge geschützt. Weiterhin hat er Schutz als Mieter eines Mietwagens, Fahrer fremder Fahrzeuge, Fußgänger, Radfahrer und als Fahrgast in öffentlichen Verkehrsmitteln. Darüber hinaus sind alle rechtmäßigen Fahrer und Insassen der für den Versicherungsnehmer versicherten Fahrzeuge abgesichert.

Gerade im Bereich der Regulierung von Kfz-Haftpflichtschäden kommt es häufig zu Streit mit der gegnerischen Kfz-Haftpflichtversicherung über die Frage der Unfallschuld. Klarheit bringt meist nur ein sachverständiges Unfallrekonstruktionsgutachten im Rahmen eines Gerichtsverfahrens. Der Geschädigte scheut ohne Verkehrsrechtsschutzversicherung verständlicherweise die Kosten und die Unfallschuld und Schadenshöhe bleiben ungeklärt.

Leistungen der Rechtsschutzversicherung

SPARTE	VERSICHERTE LEISTUNGEN
Verkehrsrechtsschutz	→ Streitigkeiten aus Verträgen, die im Zusammenhang mit dem Kfz entstanden sind, zum Beispiel Kfz-Kaufvertrag → Verteidigung im Bußgeldverfahren, bei Ordnungswidrigkeiten im Verkehr → Verteidigung im Strafrechtsverfahren → Steuerstreitigkeiten vor Gericht (zum Beispiel Kfz-Steuer) → Durchsetzung von Schadensersatzansprüchen
Eigentümer- und Mietrechtsschutz	→ Streitigkeiten bei mietrechtlichen und grundstücksbezogenen Problemen → Steuerstreitigkeiten vor Gericht
Privat- und Berufsrechtsschutz für Arbeitnehmer Privat- und Berufsrechtsschutz für Selbstständige	→ Durchsetzung von allgemeinen Schadensersatzansprüchen → Steuerstreitigkeiten vor Gericht → Verteidigung im Strafverfahren außer Verkehr → Verteidigung im Bußgeldverfahren → Arbeitsrechtliche gerichtliche Streitigkeiten → Streit aus Verträgen, Eigentum und Besitz → Streit vor dem Sozialgericht → Einmalige Beratung nach Eintritt eines familien- oder erbrechtlichen Falles
Eigentümer- und Mietrechtsschutz	→ Streitigkeiten bei mietrechtlichen und grundstücksbezogenen Problemen → Steuerstreitigkeiten vor Gericht
Privat- und Berufsrechtsschutz für Arbeitnehmer Privat- und Berufsrechtsschutz für Selbstständige	→ Durchsetzung von allgemeinen Schadensersatzansprüchen → Steuerstreitigkeiten vor Gericht → Verteidigung im Strafverfahren außer Verkehr → Verteidigung im Bußgeldverfahren → Arbeitsrechtliche gerichtliche Streitigkeiten → Streit aus Verträgen, Eigentum und Besitz → Streit vor dem Sozialgericht
Privat-, Berufs- und Verkehrsrechtsschutz für Arbeitnehmer Privat-, Berufs- und Verkehrsrechtsschutz für Selbstständige	→ Durchsetzung von allgemeinen Schadensersatzansprüchen → Steuerstreitigkeiten vor Gericht → Verteidigung im Strafverfahren außer Verkehr → Verteidigung im Bußgeldverfahren → Arbeitsrechtliche gerichtliche Streitigkeiten → Streit aus Verträgen, Eigentum und Besitz → Streit vor dem Sozialgericht

Eigentümer- und Mietrechtsschutz

Im Eigentümer- und Mietrechtsschutz ist der Versicherungsnehmer je nach Inhalt des Vertrags als Mieter, Pächter, Nutzungsberechtigter, Eigentümer, Vermieter oder Verpächter geschützt.

Selbst Versicherer unterscheiden oft nicht zwischen der Eigenschaft als Mieter oder Vermieter. Wenn Sie einen Rechtsschutzvertrag als Vermieter oder Verpächter abschließen wollen, achten Sie unbedingt darauf, dass Sie in dieser Eigenschaft ausdrücklich in der Police benannt sind. Andernfalls haben Sie gegenüber Ihren Mietern keinerlei Rechtsschutz.

Privat- und Berufsrechtsschutz

Privat- und Berufsrechtsschutz für Arbeitnehmer beziehungsweise Selbstständige: Hier genießen der Versicherungsnehmer, sein Ehegatte oder Lebensgefährte und die minderjährigen Kinder sowie die volljährigen unverheirateten, nicht berufstätigen Kinder bis zum 25. Lebensjahr gemeinsam in einem Vertrag Rechtsschutz.

Der Berufsrechtsschutz bezieht sich je nach Vereinbarung nur auf die abhängige oder selbstständige Beschäftigung.

Arbeitsrechtsschutz

Auch der Arbeitsrechtsschutz ist sinnvoll. Vor den Arbeitsgerichten gibt es keine Kostenerstattung durch die unterlegene Partei, wie dies sonst üblich ist. Ob man gewinnt oder verliert, spielt also keine Rolle. Die eigenen Kosten, also insbesondere die des eigenen Rechtsanwalts, hat man stets selbst zu tragen. Diese sind immer relativ teuer aufgrund in der Regel hoher Streitwerte.

→ TIPP

Sofern Sie Mitglied einer Gewerkschaft sind, wird in der Regel seitens der Gewerkschaft Rechtsschutz übernommen – dies ist im Mitgliedsbeitrag enthalten. Die Gewerkschaft stellt dann einen Vertreter, der Sie vor Gericht vertritt. Sie zahlt aber auch die Kosten eines Rechtsanwalts, den Sie selbst auswählen.

Welche Kosten übernimmt die Versicherung?

Die Rechtsschutzversicherung übernimmt sämtliche gesetzliche Gebühren der Rechtsanwälte und des Gerichts. Weiterhin übernimmt sie die Kosten, die zum Beispiel für Zeugen, Sachverständige oder Gerichtsvollzieher entstehen. Wenn Sie in einem Prozess vor einem ausländischen Gericht erscheinen müssen, zahlt die Versicherung in diesem Fall auch die Reisekosten. Gerade die Kosten für Sachverständige in einem Gerichtsverfahren können schnell in die Tausende gehen. Viele scheuen daher – zu Recht – den Gang vor Gericht, da sämtliche Kosten, auch die des Sachverständigen, zunächst vom Kläger vorzustrecken und nur im Falle des Obsiegens vom Gegner zu ersetzen sind.

→ TIPP

Der Versicherer übernimmt die Kosten eines Rechtsanwalts in Höhe der gesetzlichen Vergütungsregeln. Sofern der Rechtsanwalt mit Ihnen ein höheres Honorar vereinbart, haben Sie die Mehrkosten selbst zu tragen.

Worauf sollte ich bei Vertragsschluss achten?

Die Beitragshöhe variiert je nach Leistungsumfang. Empfehlenswert ist die Vereinbarung eines Selbstbehalts. Dies senkt den Beitrag. Manche Versicherer gewähren einen sogenannten Schadenfreiheitsbonus. Wird die Versicherung über einen bestimmten Zeitraum nicht in Anspruch genommen, reduziert sich der Selbstbehalt. Zu beachten ist, dass in der Regel eine dreimonatige Wartezeit besteht.

Kündigt der Versicherer aufgrund zu häufiger Inanspruchnahme des Versicherungsschutzes den Vertrag, kann es mitunter schwierig werden, einen neuen Versicherer zu finden. Der neue Versicherer fragt nach Vorversicherern und danach, wer den Vertrag gekündigt hat. Sofern möglich, sollten Sie in dieser Situation den Vertrag selbst kündigen.

Wie versichern Sie sich richtig bei Schäden am Auto?

Die Kfz-Haftpflichtversicherung ist eine Pflichtversicherung. Sie dient dazu, andere vor den finanziellen Folgen von Autounfällen zu schützen, die Sie verursacht haben. Zusätzlich sind eine Kaskoversicherung und eventuell ein Autoschutzbrief sinnvoll, eine Insassenunfallversicherung ist dagegen eher überflüssig.

Kfz-Versicherungen

Kfz-Haftpflicht

Die Kfz-Haftpflicht ist für den von Ihnen hervorgerufenen Schaden direkte Anspruchsgegnerin des Geschädigten und entscheidet unabhängig darüber, ob sie die geltend gemachten Forderungen des Geschädigten befriedigt oder nicht. Für diese Entscheidung holt sie natürlich zuerst Informationen über den Unfallhergang bei Ihnen und sonstigen Beteiligten wie Zeugen oder hinzugezogener Polizei ein.

Ihre Mitwirkung ist vertragliche Pflicht und deren gewissenhafte Wahrnehmung schon deswegen ratsam, weil die Entscheidung Ihrer Versicherung Auswirkungen auf die von Ihnen gezahlten Beiträge haben kann. Gleicht die Versicherung die gegnerischen Forderungen aus, so steigt Ihr Versicherungsbeitrag. Sie helfen also Ihrem Versicherer und sich selbst, wenn Sie Angaben oder Beweismittel zum Unfallgeschehen liefern können, die dazu führen, dass Ihr Versicherer nicht einstehen muss.

Kfz-Kaskoversicherung

Die Kfz-Kaskoversicherung gleicht in bestimmten Fällen, je nach Vertragsausgestaltung, auch Schäden an Ihrem Fahrzeug aus. Hier bestehen für Sie zwei Alternativen:

- Die Teilkasko zahlt im Wesentlichen für Schäden am Fahrzeug durch Brand und Explosion, Entwendung, Sturm, Hagel, Blitzschlag, Überschwemmung, Zusammenstoß mit Haarwild, Glasbruch und Kurzschlussschäden an der Verkabelung.
- Die Vollkasko trägt zusätzlich das Risiko für selbstverschuldete Unfälle und Vandalismusschäden. Diese zumeist kostspieligere Variante ist bei älteren Kfz wohl unrentabel, bei Neufahrzeugen aber sehr empfehlenswert.

Bei der Vollkaskoversicherung gibt es den Schadensfreiheitsrabatt, bei der Teilkaskoversicherung hingegen nicht. Wenn Sie also lange unfallfrei gefahren sind, ist es möglich, dass in Ihrem Fall der Abschluss einer Vollkaskoversicherung günstiger ist als der einer Teilkaskoversicherung, die weniger Schutz bietet. Vergleichen Sie daher unbedingt die Tarife.

Kein Segment des Versicherungsmarktes ist so hart umkämpft wie die Kfz-Versicherungen. Die Kfz-Versicherungen gelten als das Türchen zum Kunden, durch das man ihm weitere Versicherungen verkaufen kann. Dies hat dazu geführt, dass die Versicherer seit Jahren immer wieder auf der Jagd nach dem Kunden Verluste in Kauf nehmen, um dann aber nach einiger Zeit wieder an der Beitrags- und der Leistungsschraube zu drehen. Bevor Sie die nächste Beitragserhöhung zum Wechsel nutzen, sollten Sie die nachfolgenden Hinweise beachten.

Manche Anbieter schneiden nur deswegen im Preisvergleich besonders gut ab, weil sie im Bereich der Kfz-Haftpflicht lediglich die gesetzlich vorgeschriebenen Mindestdeckungssummen von 7,5 Millionen Euro für Personenschäden, 1 Million 120 Tausend Euro für Sachschäden und 50.000 Euro für reine Vermögensschäden absichern. Auf solche Verträge sollten Sie sich auf keinen Fall einlassen. Wählen Sie immer die höchstmögliche Deckung, zurzeit 100 Millionen Euro. Wie wichtig dies ist, zeigt ein Beispiel, das gar nicht so weit hergeholt ist: Sie nehmen einem Gefahrguttransporter die Vorfahrt, dieser fällt bei der anschließenden Vollbremsung um. Er rutscht gegen ein Mehrfamilienhaus und explodiert. Durch die Explosion wird eine Gasleitung beschädigt; das Haus fliegt in die Luft. Man kann sich leicht vorstellen, dass die gesetzlich vorgeschriebenen Mindestsummen nicht ausreichen werden.

Wie finden Sie günstige Versicherer?

Wie in vielen Versicherungssparten gilt auch insbesondere hier, dass ein Preisvergleich mehr als lohnenswert ist. Gerade in der Kfz-Versicherung liegen enorme Sparpotenziale. Liegen die Kosten beispielsweise bei einem günstigen Anbieter bei 500 Euro Jahresprämie für das jeweilige Kfz, kann derselbe Versicherungsschutz bei einem teuren Anbieter das Dreifache betragen. Es empfiehlt sich daher, regelmäßig vom Kündigungsrecht Gebrauch zu machen (in der Regel ist der Stichtag der 30. November). Alternativ oder vorab bietet es sich an, den Versuch eines günstigeren Angebots mit dem aktuellen Versicherer zu verhandeln.

Computerprogramme nutzen

Auch wenn die Assekuranzen ihre Preise, Leistungen oder Rabatte immer individueller gestalten, können sich Verbraucher im Internet oder mithilfe spezieller Computerprogramme auch immer einfacher in diesem Dschungel zurechtfinden.

→ TIPP

Kostenlose Vergleiche über das Internet sind häufig mit Vorsicht zu genießen. So können diese zum Beispiel nur Anbieter mit Außendienst beinhalten, da das Angebot im Internet nur dann kostenlos sein kann, wenn beim Abschluss Provisionen fließen. Oder der Anbieter des Vergleichs arbeitet nur mit bestimmten Gesellschaften zusammen. Deshalb ist es sinnvoll, mehrere Vergleichsportale aufzusuchen und deren Angebote und Leistungen zu vergleichen.

Rabatte genau prüfen

Schaut man sich die Rabattlisten der deutschen Versicherer an, kommt man sich in manchen Fällen vor wie auf einem Basar oder beim Winterschlussverkauf im Kaufhaus. Die folgende Liste erhebt keinen Anspruch auf Vollständigkeit! Rabatte gibt es für:

- die Angehörigen von über 100 Berufsgruppen
- das Abstellen des Autos im Innenhof, der Garage oder Tiefgarage
- Neufahrzeuge
- Wenigfahrer
- Alleinnutzer
- Frauen
- Absolventen eines Sicherheitstrainings
- Mitarbeiter eines Autoherstellers
- Inhaber einer Jahreskarte für öffentliche Verkehrsmittel
- Eigentümer eines selbstgenutzten Wohnhauses
- Eltern minderjähriger Kinder
- Ausländer, die schon länger als fünf Jahre in der Bundesrepublik wohnen
- Bausparer
- Fahrzeuge mit anerkannter Wegfahrsperre
- Fahrzeuge mit einem geregelten Katalysator
- Erstbesitzer eines Fahrzeugs
- Werkstattbindung
- usw.

Sinnvolle Zusatzleistungen

Aufgrund der Vielzahl der möglichen Zusatzleistungen kann nachfolgend nur eine kleine Auswahl erfolgen:

- Keine Leistungskürzung bei grob fahrlässiger Schadensverursachung in der Kaskoversicherung: Mit dem Versicherer kann voller Schadensersatz auch bei grober Fahrlässigkeit vereinbart werden. Zwar kann der Kaskoversicherer bei grober Fahrlässigkeit, etwa dem Überfahren einer roten Ampel, nicht mehr komplett ausschließen. Allerdings muss er auch nach der Novellierung des Versicherungsvertragsgesetzes (also seit dem 1. Januar 2008 für alle Neuverträge) durch grob fahrlässiges Verhalten verursachte Schäden nicht vollständig ausgleichen. Eine entsprechende Klausel in Ihrem Kaskovertrag kann sich daher auszahlen. Ausgenommen sind Fahrten unter Alkohol- oder Drogeneinfluss.

→ TIPP RABATTSCHUTZ UND RABATTRETTER

Viele Versicherer bieten einen sogenannten Rabattschutz (gegen Mehrbeitrag) an. Damit bleibt der aktuelle Schadenfreiheitsrabatt nach einem selbst verschuldeten Schaden erhalten. Gleicht der Versicherer einen Haftpflicht- oder Vollkaskoschaden aus, erfolgt also keine Rückstufung. Sie haben damit meistens einen Schaden pro Jahr frei. Diesen Rabattschutz können Sie allerdings beim Wechsel zu einem anderen Versicherer nicht mitnehmen. Der neue Versicherer stuft Sie also so ein, wie Sie ohne Rabattschutz beim Vorversicherer eingestuft worden wären. Demgegenüber beinhaltet der sogenannte Rabattretter, dass bei Erreichen der SF 25 oder höher im Falle eines Schadens der Versicherte vor Beitragserhöhungen geschützt wird. Zwar erfolgt eine Rückstufung in der Schadenfreiheitsklasse und der Versicherte verliert damit versicherungsfreie Jahre, allerdings nur so weit, als dass keine Beitragserhöhung erfolgt.

- Neuwerterstattung: In der Vollkaskoversicherung wird bei Zerstörung oder Verlust des KFZ der Zeitwert erstattet. Die meisten Versicherer ersetzen aber bei einem Neuwagen innerhalb einer gewissen Zeitspanne ab Erstzulassung den Neuwert. Viele Versicherer begrenzen den Zeitraum auf die ersten sechs Monate. Empfehlenswert ist ein Tarif, der zumindest in den ersten 12 Monaten den Neuwert ersetzt. Es gibt auch Tarife, die den Zeitraum auf die ersten drei Jahre ausdehnen.
- Mallorcapolice bei Mietwagen im Ausland: Dieser Einschluss ist ratsam,

wenn Sie im Ausland einen Mietwagen in Anspruch nehmen. Er bietet eine Zusatzhaftpflichtversicherung für das Mietfahrzeug. Häufig umfasst der Kfz-Versicherungsschutz im Ausland viel niedrigere Deckungssummen in der Kfz-Haftpflichtversicherung. Um auch hier in ausreichender Höhe geschützt zu sein, können Sie über Ihre eigene Kfz-Haftpflichtversicherung diese Erweiterung vereinbaren (falls nicht schon automatisch mitenthalten). Sofern Sie über kein Kfz verfügen, kann diese Police auch separat bei einer Versicherung abgeschlossen werden. Der Geltungsbereich erstreckt sich auf das EU-Ausland und den europäischen Wirtschaftsraum. Eine Erweiterung auf weltweite Gültigkeit ist möglich.

→ Einschluss Marder-/Tierbissschäden und Folgeschäden: Eine Deckung für Tierbiss-/Marderbissschäden ist sinnvoll. Zusätzlich können auch die Folgeschäden bis zu einer bestimmten Grenze mitversichert werden (z. B. ein Schlauchschaden beschädigt als Folgeschaden den Motor).

→ Erweiterte Wildschäden: Der Versicherer zahlt nicht nur bei Unfällen mit Haarwild, sondern auch bei Zusammenstößen etwa mit Kühen oder Pferden oder auch (bei gewählter Option) mit Tieren aller Art.

Was ist beim Wechsel zu beachten?

Wenn Sie die Versicherung wechseln wollen, fragen Sie beim neuen Versicherer nach, ob die Einstufung des Fahrzeugs sich auf die Tarifbestimmungen des neuen Versicherungsjahres bezieht. Viele Gesellschaften verändern jeweils zur Jahreswende Typen- oder Regionalklassen. Bei ungünstigem Schadensverlauf kann damit eine kräftige Beitragserhöhung verbunden sein.

Seit dem 1. März 2008 benötigen Sie bei der Zulassung Ihres Fahrzeugs nicht mehr die sogenannte Doppelkarte/Versicherungsbestätigung. Dass Sie eine Kfz-Haftpflichtversicherung abgeschlossen haben, weisen Sie durch eine siebenstellige Zahlen- und Buchstabenkombination (eVB-Nummer) nach. Die Übermittlung erfolgt meist auf elektronischem Wege. Lassen Sie sich von Ihrem neuen Versicherer schriftlich bestätigen, dass und wann er die Daten in das entsprechende System eingegeben hat.

Sollte es mit Beginn des neuen Vertrags wider Erwarten, zum Beispiel wegen der Einstufung oder der Höhe des Beitrags, zu Unstimmigkeiten kommen, zahlen Sie dennoch unter Vorbehalt die geforderte Summe. Sie riskieren sonst Ihren Versicherungsschutz. Stellt sich später heraus, dass die Forderung zu hoch war, kann man die Beträge noch innerhalb einer Verjährungsfrist von drei Jahren zurückfordern.

§ GESETZLICHE GRUNDLAGEN

In den Regelungen zur »Einstufung in die Schadensfreiheitsklassen (SF)« und »Rückstufung im Schadensfall« können Sie nachlesen, ob Sie ein Versicherer zum Beispiel nach einem Unfall aus der SF 7 mit 50 Prozent in die SF 3 mit 70 Prozent oder in die SF 2 mit 85 Prozent zurückstuft. Bei vielen Gesellschaften finden Sie die entsprechenden Hinweise in den §§ 14 und 18 der Versicherungsbedingungen.

Zurückstufung nach einem Unfall

Um einen Vergleich untereinander noch schwieriger zu machen, haben sich die Versicherer ausgedacht, dass sie voneinander abweichende Rückstufungen nach einem Unfall anbieten. Wenn Sie also – statistisch gesehen – davon ausgehen müssen, dass Ihr Sohn als Fahranfänger den einen oder anderen Blechschaden verursachen wird, sollten Sie sich vor Vertragsabschluss das Kleingedruckte zusenden lassen.

Was tun bei einem Unfall?

Wenn bei einem Unfall Personen verletzt wurden oder mehrere Verkehrsteilnehmer betroffen sind und die Rechtslage unklar ist, sollten Sie auf jeden Fall die Polizei rufen. Handelt es sich um einen Bagatellschaden oder kann die Polizei infolge Überlastung zum Beispiel bei plötzlich auftretendem Glatteis Ihren Fall nicht aufnehmen, sollten Sie der nebenstehenden Checkliste folgen.

Wer übernimmt die Schadensregulierung?

Viele (gegnerische) Versicherer bieten mittlerweile an, den Schaden von Beginn an komplett für Sie als Geschädigten abzuwickeln. Sie veranlassen von sich aus den Abtransport in eine Werkstatt, die Begutachtung, die Reparatur und gegebenenfalls Schadensersatzzahlungen.

Solchen Angeboten sollten Sie insbesondere dann kritisch gegenüberstehen, wenn der Schadenshergang oder -umfang nicht eindeutig feststeht. Beschwerden betroffener Versicherter haben gezeigt, dass die Assekuranzen diesen Dienst nicht als Samariterdienst anbieten, sondern eindeutig mit dem Ziel, Kosten zu sparen.

In unklaren Situationen sollten Sie die Sache weiterhin einem Rechtsanwalt übergeben und das Gutachten von einem unabhängigen Gutachter erstellen lassen. Die Erfahrung hat gezeigt, dass die Versicherer Gutachten umso weniger anzweifeln, je bekannter oder anerkannter die Gutachterstelle ist. Dies gilt zum Beispiel für Institutionen wie den TÜV oder die Dekra.

Lassen Sie hingegen lediglich einen Kostenvoranschlag von der Werkstatt erstellen, kann es geschehen, dass dieser nicht anerkannt wird. Sie können die Versicherung

CHECKLISTE

Richtiges Verhalten bei einem Unfall, wenn die Polizei nicht vor Ort ist

- [ ] Notieren Sie sich die Kennzeichen der Fahrzeuge, deren Insassen den Unfall gesehen haben, auch dann, wenn diese weiterfahren. Die Erfahrungen haben gezeigt, dass insbesondere bei Bagatellunfällen die Fahrer der nachfolgenden Autos weiterfahren.

- [ ] Notieren Sie erst danach Namen und Adressen der Zeugen, die freiwillig angehalten haben. Fotografieren Sie den Unfallplatz und die Fahrzeuge von allen Seiten. Zu diesem Zweck sollten Sie immer eine kleine Billigkamera im Auto haben, falls Sie kein Handy mit Kamerafunktion besitzen. Insbesondere dann, wenn später die Aussagen über den Unfallhergang voneinander abweichen, können Gutachter anhand der Fotos sehr gut feststellen, wie er sich tatsächlich abgespielt hat.

- [ ] Die Versicherungsbranche bietet einheitliche Unfallbögen an. Auf ihnen ist ausdrücklich vermerkt, dass es sich nicht um Schuldanerkenntnisse handelt. Wenn also Ihr Unfallgegner damit einverstanden ist, sollten Sie einen solchen Unfallbogen gemeinsam ausfüllen.

- [ ] Tauschen Sie Namen und Adressen der Unfallbeteiligten aus. Lassen Sie sich dazu auch den Personalausweis oder Pass zeigen und notieren Sie auch die Personalausweis- oder Passnummer. Falls möglich, lassen Sie sich Versicherung und Vertragsnummer benennen.

- [ ] Melden Sie den Schadensfall Ihrer Versicherung auch dann, wenn Sie überzeugt sind, dass keine Ansprüche gegen Sie erhoben werden. So gehen Sie sicher, dass Ihre Versicherungsgesellschaft auch dann den Schadensfall bearbeitet, wenn Ihr Unfallgegner nachträglich mit einer kleinen Überraschung aufwartet und Forderungen stellt. Andernfalls könnte es geschehen, dass sie die Regulierung mit der Begründung ablehnt, dass Sie den Schadensfall zu spät gemeldet haben.

auch nicht zwingen, auf dieser Basis abzurechnen. Denn auch vor Gericht würde ein einfacher Kostenvoranschlag nicht als Beweismittel für den Umfang des Schadens durchgehen.

Führen Sie alle Verhandlungen schriftlich, Fax genügt. Bewahren Sie von allen Schreiben Kopien und die Sendeberichte auf. Lassen Sie sich insbesondere bei komplizierten Abläufen nicht auf mündliche oder telefonische Verhandlungen ein. Lässt sich der Vorgang dann später doch nicht glatt abwickeln, können Sie sonst schnell in Beweisnot kommen.

Insassenunfallversicherung

Für ein paar Euro im Jahr können Sie zu ihrer Kfz-Versicherung eine Zusatzversicherung abschließen, die Ihnen einen einmaligen Kapitalbetrag zahlt, wenn Sie durch einen Unfall dauerhaft Invalide werden. Eine solche Insassenunfallversicherung ist jedoch völlig überflüssig:

Verschuldet ein Dritter den Unfall, haben Sie und alle weiteren Insassen gegen ihn und seine Versicherung Anspruch auf Ersatz aller Schäden. Dazu gehören auch Schmerzensgeldzahlungen und die Erstattung der Beträge, die Sie benötigen, um zum Beispiel ihr Haus behindertengerecht auszubauen.

Verschulden Sie einen Unfall, haben auch die Insassen Ihres Fahrzeugs die gleichen Ansprüche gegen Sie und Ihre Versicherung, wie sie die Insassen des anderen Fahrzeugs haben. Ausgenommen sind Ehepartner und eigene Kinder.

Begeht ein Fahrer Fahrerflucht oder ist zum Beispiel der Verursacher eines großen Ölflecks nicht mehr zu ermitteln, können Sie Ihre Schadensersatzforderungen bei der Verkehrsopferhilfe geltend machen. Der Verein verfügt über einen Fonds, in den alle Kfz-Versicherer gemeinsam einzahlen, um schuldlose Verkehrsopfer zu entschädigen, wenn der Verursacher nicht bekannt oder nicht versichert ist. Bei Fahrerflucht werden allerdings Sachschäden nur ersetzt, wenn es auch gleichzeitig zu einem Personenschaden gekommen ist.

Gegen die Insassenunfallversicherung spricht aber auch noch die geringe Versicherungssumme. Sie beträgt zum Beispiel in vielen Verträgen rund 20.000 Euro pro Insasse. Diese Summe dürfte zum Ausgleich der Einkommensverluste oder zum Umbau des Hauses bei Vollinvalidität kaum ausreichen.

Autoschutzbrief

Wenn Sie regelmäßig mit Ihrem Fahrzeug im Ausland sind oder mit der Familie mit dem Auto in den Urlaub fahren oder wenn

Sie ein etwas betagteres Modell fahren und sich hohe Abschlepp- und Bergungskosten nach einer Panne oder einem Unfall nicht leisten können, sollten Sie zusätzlich zu Ihrer Autoversicherung über einen Autoschutzbrief nachdenken. Gehören Sie nicht zu diesem Personenkreis, können Sie dieses Kapitel überspringen.

Leistungen im Autoschutzbrief

Aus einem Autoschutzbrief erhalten Sie Leistungen, wenn das Fahrzeug oder der Fahrer ausfällt. Darüber hinaus werden organisatorische Hilfen angeboten.

Sie erhalten Pannen- und Unfallhilfe am Schadensort. So werden etwa die Kosten für die Bergung des Fahrzeugs nach einer Panne oder einem Unfall sowie Abschleppkosten übernommen. Weiterhin werden die Kosten für Übernachtung und Mietwagen getragen. Der Abschluss eines Schutzbriefes, der diese und weitere organisatorische und finanzielle Leistungen bietet, kann sinnvoll sein. Hier lohnt sich ein Vergleich der jeweiligen Leistungen der einzelnen Versicherer. Häufig besteht auch schon über die Mitgliedschaft in einem Automobilclub entsprechender Schutz. Für Neuwagenkäufer besteht zumeist über die Mobilitätsgarantie des Herstellers in den ersten Jahren ausreichender Schutz.

ΑΙΓΑΙΟ ΠΕΛΑΓΟΣ
AEGEO PELAGOS

Wie versichern Sie sich richtig, wenn Sie auf Reisen gehen?

Die Auslandsreisekrankenversicherung ist ein »Muss« für alle, die ins Ausland reisen. Für gesetzlich Krankenversicherte, weil die gesetzliche Krankenversicherung nicht weltweit die Behandlungskosten übernimmt. Für privat Krankenversicherte, weil der wichtige Krankenrücktransport aus dem Ausland gar nicht oder nur eingeschränkt versichert ist.

Auslandsreisekrankenversicherung

Gesetzlich Krankenversicherte genießen nur im europäischen Ausland und in einigen weiteren Ländern, mit denen Sozialabkommen bestehen, Versicherungsschutz. Geht die Reise aber beispielsweise in die USA oder Australien, besteht für sie gar kein Schutz.

Eine Ausnahme gilt für Personen, die wegen einer chronischen Erkrankung oder aufgrund ihres Lebensalters nachweislich keinen privaten Auslandsreisekrankenschutz für vorhersehbare Behandlungen bekommen können. In diesen Fällen übernimmt die Krankenkasse die Kosten, allerdings nur für einen Zeitraum von sechs Wochen pro Jahr. Voraussetzung ist hier allerdings, dass die Krankenkasse die Nichtversicherbarkeit bereits vor Antritt der Reise festgestellt hat (so geregelt in § 18 Abs. 3 SGB V).

→ **TIPP Auslandsreisekrankenschutz**
Weitere Informationen zu den einzelnen Ländern finden Sie auf der Homepage der Deutschen Verbindungsstelle Krankenversicherung-Ausland unter: www.dvka.de

Die Übernahme der Behandlungskosten im Ausland durch die gesetzliche Krankenversicherung geht aber nur so weit, wie die Kosten auch in Deutschland übernommen würden. Wenn Sie also – was oftmals in Touristengebieten praktiziert wird – von einem Arzt zu einem Kostensatz behandelt werden, der in Deutschland dem 3,5-fachen der Gebührenordnung für Ärzte (GOÄ) entspricht, wird Ihnen die deutsche gesetzliche Krankenversicherung nach Rückkehr aus dem Urlaub nur den 1,8-fachen Satz dieser Gebührenordnung ersetzen. Den Rest der Kosten müssten Sie übernehmen. Völlig ausgeschlossen ist im Rahmen der gesetzlichen Krankenversicherung die Übernahme der Kosten für den Krankenrücktransport aus dem Ausland.

Für Mitglieder einer privaten Krankenversicherung ist die Auslandsreisekrankenversicherung ebenfalls zu empfehlen, da in der Regel zumindest für Rücktransporte aus dem Ausland kein oder nur eingeschränkter Versicherungsschutz besteht. Hier ist ein genauer Blick in die Versicherungsbedingungen notwendig. Wenn ein Rücktransport auch in Ihrem Fall ausgeschlossen ist, benötigen Sie schon aus diesem Grund für die Auslandsreise eine Auslandsreisekrankenversicherung.

Auch chronisch Kranke sollten eine Auslandsreisekrankenversicherung abschließen. Zwar werden vorhersehbare Erkrankungen nicht übernommen, sie zahlt jedoch für Notfälle, die nichts mit der Vorerkrankung zu tun haben.

Auslandsreisekrankenversicherungen bieten Erstattung der im Ausland entstehenden Kosten für

- → medizinisch notwendige Heilbehandlungen
- → Rücktransporte nach Deutschland.

Sie ersetzen ferner

- → Bestattungs- oder Überführungskosten des Leichnams nach Deutschland beim Tod eines Versicherten.

Auf dem Markt für Auslandsreisekrankenversicherungen gibt es Jahres- und Tagespolicen. Tagespolicen müssen vor jeder Reise neu abgeschlossen werden und sind daher nicht zu empfehlen. Jahrespolicen verlängern sich bei etlichen Anbietern um ein weiteres Jahr, wenn sie nicht gekündigt werden. Sie gelten für jede während der Vertragslaufzeit unternommene Reise. Allerdings darf eine vertraglich festgelegte Höchstreisedauer pro Reise (sechs bis acht Wochen) nicht überschritten werden. Die Preise für solche Policen liegen überwiegend zwischen acht und zwölf Euro pro Jahr und Person, günstige Familientarife sind ab 15 Euro zu haben.

Tipps zum Vertragsabschluss

Meiden Sie Anbieter, die den Rücktransport nur dann bezahlen, wenn er »medizinisch notwendig und ärztlich angeordnet ist«. Diese Voraussetzungen sind fast nicht zu erfüllen. Medizinisch notwendig ist der Rücktransport nämlich nur dann, wenn im Gastland der Standard der medizinischen Versorgung so niedrig ist, dass Sie dort nicht mit Aussicht auf Erfolg behandelt werden können. Zwar kann man sich noch Länder vorstellen, die diesen Punkt erfüllen. Problematischer wird es jedoch mit der ärztlichen Anordnung. Letztere wird ein Arzt schon aus Haftungsgründen kaum unterzeichnen. Sie sollten daher unbedingt Gesellschaften aussuchen, die in den Bedingungen niederlegen, dass der Krankentransport übernommen wird, wenn er »medizinisch sinnvoll und vertretbar« ist. Diese Voraussetzungen sind leichter zu erfüllen.

Ein anderes Beispiel ist der Rücktransport von erkrankten Kindern. Es ist nachgewiesen, dass diese wesentlich schneller gesund werden, wenn sie regelmäßig von ihren Eltern betreut werden können. Aus diesem Grund ist es ärztlich angeraten, Kinder bei schweren Erkrankungen nach Deutschland zurückzubringen, wenn dadurch sichergestellt ist, dass sie jederzeit von ihren Eltern besucht werden können. Andernfalls würde die Situation eintreten, dass das Kind im Ausland im Krankenhaus liegt, während die Eltern wegen des Endes des Urlaubs schon wieder nach Deutschland zurückmüssen.

Achten Sie bei geplanten sportlichen Aktivitäten im Urlaub darauf, dass diese vom Versicherungsschutz mit umfasst sind. Häufig schließen Versicherer diesen Schutz aus dem Leistungskatalog aus.

Wählen Sie einen Tarif, der zeitlich unbefristet Zahlungen über das Vertragsende hinaus für den Fall vorsieht, dass ein Krankenrücktransport gesundheitsbedingt erst zu einem späteren Zeitpunkt möglich ist.

Auch die Übernahme der Kosten für eine Begleitperson sollte in guten Tarifen enthalten sein.

→ TIPP

Bei Buchen einer Reise im Internet werden häufig Reiseversicherungen (inklusive Reiserücktritt-, Reisegepäckversicherungen usw.) mit angeboten. Diese bieten nicht unbedingt den besten Schutz. Zudem enthalten sie häufig mehr oder weniger transparente Vertragsverlängerungsklauseln, die ab dem zweiten Vertragsjahr aber deutlich teurere Jahresbeiträge vorsehen. So sind viele Verbraucher, die einen solchen Schutz abgeschlossen haben, erstaunt, wenn nach einem Jahr plötzlich auf dem Kontoauszug eine Abbuchung über den längst vergessenen Versicherungsschutz erfolgt, und zwar in doppelter Höhe im Vergleich zum Beitrag für das erste Versicherungsjahr. Besser ist es in der Regel, solche Verträge separat abzuschließen.

→ **TIPP**
Häufig besteht schon eine Auslandsreisekrankenversicherung über eine vorhandene Kreditkarte. Bevor Sie sich aber beruhigt zurücklehnen, schauen Sie genau im Antrag, Versicherungsschein und in den Versicherungsbedingungen nach, wie der Schutz ausgestaltet ist.

Krankenversicherungsschutz bei längeren Auslandsaufenthalten

Planen sie einen Auslandsaufenthalt über einen längeren Zeitraum, reicht die einfache Auslandsreisekrankenversicherung nicht aus. Hier ist der Schutz zeitlich begrenzt, je nach Bedingungen auf höchstens zehn Wochen. Für längerfristige Aufenthalte ist der Abschluss einer speziellen Auslandsreisekrankenversicherung notwendig.

Die Kosten für einen entsprechenden Langzeitschutz können neben dem Alter und Gesundheitszustand von der Dauer des Aufenthalts sowie häufig auch vom Reiseziel abhängig sein. So sind etwa Tarife für das Reiseland USA oft teurer, da die medizinischen Leistungen dort erheblich kostenintensiver sind als in anderen Ländern.

Man kann sich für einen Zeitraum von 90 Tagen, mehrere Monate, einem Jahr oder für einen noch längeren Zeitraum versichern. Guter Schutz mit weltweiter Gültigkeit und beispielsweise einer Reisedauer von einem Jahr ist ab circa 400 Euro erhältlich. Für Auslandsstudenten, Au-pairs und Teilnehmer an speziellen Reiseprogrammen haben manche Versicherer besondere Angebote im Programm.

Reiserücktrittsversicherung

Sie können entweder zusammen mit der Buchung der Reise oder auch noch später eine Reiserücktrittsversicherung, am besten kombiniert mit einer Reiseabbruchversicherung abschließen. Sie sollten das bei teuren, lange im Voraus gebuchten Reisen oder wenn Kinder mitkommen, unbedingt tun.

Die Versicherer eines solchen Vertrags übernehmen die Stornokosten bei Nichtantritt, die Kosten bei verspätetem Antritt, Abbruch, verspäteter Rückkehr oder nicht beanspruchten Reiseleistungen.

Als Grund für den Rücktritt akzeptieren die Gesellschaften nur Ereignisse, die beim Buchen der Reise nicht vorhersehbar waren. Wenn Sie schon beim Abschluss des Vertrags beziehungsweise bei Buchung der Reise unter Erkrankungen leiden, bei denen vorhersehbar ist oder sogar feststeht, dass sie sich

regelmäßig verschlimmern können, würde ein Reiseabbruch in diesem Fall nicht ersetzt werden.

Im Einzelnen können Sie sich gegen Erkrankungen, Unfälle und Tod des Versicherten bzw. seiner Angehörigen versichern. Je nach Versicherungsbedingungen greift der Schutz auch, wenn dem nichtehelichen Lebenspartner etwas passiert. Zudem kann bei einigen Versicherern der Rücktritt oder Abbruch der Reise wegen Arbeitsplatzverlust, -wechsel oder Antritt eines neuen Arbeitsplatzes sowie bei Wiederholung einer Prüfung versichert werden.

Bei den meisten Versicherern gibt es Fristen für einen Vertragsabschluss, etwa bis 30 Tage vor Reisebeginn. Vereinzelt ist eine Reiserücktritts- und -abbruchversicherung auch noch bis kurz vor Antritt der Reise möglich.

Der Beitrag für den Versicherungsschutz hängt ab vom Reisepreis, vom Leistungsumfang des Tarifs sowie mitunter vom Alter des Versicherungsnehmers. Es gibt Tarife sowohl mit als auch ohne Selbstbeteiligung. Bei Vereinbarung einer Selbstbeteiligung tragen Sie einen Teil der Kosten mit.

Möglich ist der Abschluss sowohl eines Einzel- als auch eines Familientarifs. Wenn Sie mehrmals im Jahr verreisen, lohnt sich ein Jahresvertrag. Dieser verlängert sich automatisch um ein weiteres Jahr, sofern Sie nicht fristgerecht zum Ablauf des Versicherungsjahres kündigen. Gehen Sie eher selten auf Reisen, ist ein Vertrag für eine Einzelreise sinnvoller.

→ TIPP

Der bei Reisebuchung im Internet mit angebotene Schutz ist mit Vorsicht zu genießen (siehe Auslandsreisekrankenversicherung → Seite 137). Hier werden oft – für den Buchenden nicht sofort erkennbar – Jahrespolicen mit automatischer Verlängerung abgeschlossen, die zudem die doppelte Prämienhöhe ab dem zweiten Versicherungsjahr vorsehen.

Reisegepäckversicherung

Diese Versicherung gehört nicht in Ihr Gepäck. Es sind zu viele Fälle bekannt, in denen die Versicherungen mit der Behauptung, der Versicherte habe zum Beispiel grob fahrlässig gehandelt oder er habe keine ordnungsgemäße Schadensmeldung am Ort gemacht, ihre Leistungen kürzen.

Ein Blick in die Versicherungsbedingungen zeigt, dass es zu viele Ausschlüsse gibt und die Voraussetzungen für Ersatz etwa bei Diebstahl oder Raub dergestalt sind, dass man mehr oder weniger auf seinem Gepäck sitzen muss, um in den Genuss der Versi-

cherungsleistungen zu kommen. Insbesondere wird dem Versicherungsnehmer häufig grobe Fahrlässigkeit vorgeworfen. Wenn aber Versicherte all die Sorgfaltspflichten anwenden, die die Versicherungen von ihnen verlangen, dann ist es eigentlich auch nicht mehr möglich, zum Beispiel das Gepäck zu stehlen. Zudem sind Wertsachen, die Sie mit sich führen, in der Regel nur versichert, wenn diese „in persönlichem Gewahrsam und sicher verwahrt mitgeführt werden".

Im Übrigen ist Ihr Reisegepäck in der Hausratversicherung unter bestimmten Bedingungen auch auf der Reise im Rahmen der sogenannten Außenversicherung abgesichert. Dies ist immer dann der Fall, wenn ein Einbruchdiebstahl stattgefunden hat, oder Sie zum Beispiel durch Einsatz von Gewalt auf der Straße beraubt wurden. Für Trickdiebstähle gilt dies allerdings leider nicht.

Zu einem großen Ärgernis führt oft auch der Aufbruch von Autos. Steht das Auto in einem Parkhaus und wird es dort aufgebrochen, kann dies unter bestimmten Voraussetzungen (und zwar dann, wenn die Zu- und Ausfahrt mit Hilfe technischer Einrichtungen gesteuert wird) als Aufbruch eines verschlossenen Behältnisses innerhalb eines Gebäudes gelten. Dann ist in diesem Fall der Diebstahl ebenfalls über die Hausratversicherung mit abgesichert → Seite 109.

Steht das Fahrzeug auf einem Parkplatz, fehlt es an dem Tatbestandsmerkmal »Gebäude«, sodass die meisten Versicherungsbedingungen älterer Verträge keinen Versicherungsschutz vorsehen. Mittlerweile haben einige Gesellschaften ihre Bedingungen in diesem Punkt geändert, sodass auch der Aufbruch eines Kfz auf offener Straße oder auf einem offenen Parkplatz mitversichert ist. Dies gilt allerdings uneingeschränkt nur, wenn dem Versicherten keine grobe Fahrlässigkeit vorgeworfen werden kann. Andernfalls kann es auch hier zu einer Quotelung kommen.

Wenn Sie wertvollen Hausrat offen einsehbar auf einer belebten Straße im Auto lassen und es dann aufgebrochen wird, werden Sie wohl auch hier keinen Versicherungsschutz bekommen. Sie sollten Ihren Hausratversicherer darauf ansprechen, ob auch er die Klauseln bezüglich des Kfz-Aufbruchs verändert hat und gegebenenfalls Ihren Versicherungsvertrag umstellen.

Wie versichern Sie sich richtig über Versicherungsportale im Internet?

In den vergangenen Jahren sind massenweise Versicherungsvergleichsportale im Internet entstanden. Sie haben sich zum Ziel gesetzt – oder tun jedenfalls so –, den Kunden bedarfsgerecht zu beraten und durch den Einsatz von Online-Tarifrechnern besonders kostengünstige Anbieter zu vermitteln.

Guter Rat aus dem Netz?

Wir verzichten darauf, Adressen der Portale zu benennen. Zum einen kann es sein, dass ein heute aufgeführtes Portal schon morgen nicht mehr existiert. Zum anderen zeigen die regelmäßigen Beschwerden bei den Verbraucherzentralen, dass die Nutzung offenbar häufig zumindest nicht unproblematisch ist.

Nur wenige Firmen benutzen eine eigene Software zum Versicherungsvergleich. Viele Seiten greifen auf eine externe Software zurück.

Dennoch kann es geschehen, dass Sie auf den verschiedenen Seiten trotz Einsatzes desselben Programms zu unterschiedlichen Ergebnissen kommen, wenn Sie Ihre Abfrage durchführen. Hier liegt die Vermutung nahe, dass zum Zwecke der Bündelung von Provisionen bestimmte Gesellschaften bevorzugt behandelt und andere aus dem Vergleich herausgenommen werden.

Zwar macht die computergestützte Bedarfsanalyse auf vielen Seiten einen sehr professionellen Eindruck, das Ergebnis erscheint jedoch sehr verkaufsorientiert. Wer zum Beispiel ohne große Analyse der Anlageziele oder des Anlageverhaltens jungen Menschen regelmäßig pauschal zum Abschluss einer aufgeschobenen Rentenversicherung zur privaten zusätzlichen Altersvorsorge rät, muss sich den Vorwurf einseitiger und undifferenzierter Beratung gefallen lassen.

Richtig ärgerlich wird es, wenn ein Portal nur dazu erstellt ist, Adressen zu sammeln, um diese dann unkontrollierbar weiterzuverkaufen.

Internetportale zum Thema Versicherungen sollten Sie daher nur dazu benutzen, Versicherer zu finden, die ein sehr gutes Preis-Leistungs-Verhältnis bieten. Bedenken Sie, dass sich Vergleichsportale überwiegend durch Werbeeinnahmen und Provisionen finanzieren. Um sich einen Marktüberblick zu verschaffen und einen günstigen Tarif zu finden, empfehlen wir die unabhängigen und neutralen Beratungsangebote der Verbraucherzentralen sowie die regelmäßigen Tests der Zeitschrift Finanztest.

CHECKLISTE

Worauf Sie bei den Vergleichsportalen achten müssen

- [ ] Überprüfen Sie bei Tarifrechnern, wie viele Gesellschaften eingestellt sind.
- [ ] Bedenken Sie, dass Vergleichsportale keinen kompletten Überblick sämtlicher Versicherer bieten. Womöglich fehlen gerade die Versicherer, welche den günstigsten Tarif anbieten.
- [ ] Vergleichen Sie Vergleichsportale!
- [ ] Nutzen Sie Vergleichsportale immer nur als Einstieg, um sich einen ersten Überblick zu verschaffen. Informieren Sie sich zusätzlich über unabhängige Institutionen, beispielsweise die regelmäßigen Tarifvergleiche der Stiftung Warentest/Finanztest.
- [ ] Werfen Sie einen Blick in das Impressum des jeweiligen Vergleichsportals. Dort können Sie in Erfahrung bringen, wer die Seite betreibt und ob es sich dabei beispielsweise um einen Makler oder gar um einen Versicherer handelt.
- [ ] Achten Sie auf die Voreinstellungen der jeweiligen Vergleichsportale. So sind etwa die voreingestellten Versicherungssummen häufig nicht ausreichend und müssen demnach geändert werden. Auch kann der Verzicht des Versicherers auf den Einwand der groben Fahrlässigkeit häufig durch ein Häkchen dazugewählt werden.
- [ ] Versenden Sie keine sensiblen Daten über das Netz.
- [ ] Wenn Sie einen Versicherungsantrag online stellen, drucken Sie sich ein Exemplar aus und vergleichen dieses mit der Police.

Wie versichern Sie sich richtig, indem Sie sich nicht versichern?

Manchmal ist weniger mehr, besonders wenn es um Versicherungen geht, die Sie eigentlich gar nicht oder nur unter bestimmten Umständen brauchen. Die Wichtigsten haben wir im folgenden Abschnitt aufgeführt.

Überflüssige Versicherungen

Krankenhaustagegeldversicherung

Die Krankenhaustagegeldversicherung erbringt die gleichen Leistungen wie die Krankentagegeldversicherung. Aber nur – wie ihr Name schon sagt – wenn Sie zur medizinisch notwendigen Heilbehandlung ins Krankenhaus kommen.

Es ist uns keine Situation eingefallen, in der statt einer Krankentagegeld- eine Krankenhaustagegeldversicherung objektiv notwendig sein könnte. Der Fall, dass nur bei einem Krankenhausaufenthalt Einkommenslücken entstehen sollen, ist sehr schwer nachzuvollziehen.

Wenn Sie im Fall von Arbeitsunfähigkeit Einkommenslücken haben, sollten Sie über den Abschluss einer Krankenhaustagegeldversicherung allenfalls dann nachdenken, wenn Sie sich die wesentlich teurere Krankentagegeldversicherung nicht leisten können.

Glas- und Fahrradversicherungen

Der Bruch einer Glasscheibe oder der Verlust eines Fahrrads ist in der Regel finanziell zu verkraften. Damit kann auf diese Versicherungen verzichtet werden. Im Übrigen ist in der Fahrradversicherung meist ein hoher Selbstbehalt enthalten. Manche Versicherer bestimmen sogar, dass der Vertrag nach einem Schadensfall automatisch erlischt. Nur bei extrem teuren Rädern kann man an den Abschluss eines solchen Vertrags denken, sollte sich jedoch eingehend mit den Versicherungsbedingungen auseinandersetzen, um zum Beispiel nach einem Diebstahl nicht feststellen zu müssen, dass gerade diese Variante des Diebstahls nicht versichert ist.

→ TIPP

Preiswerten Schutz für das Rad bietet eine Zusatzklausel zur Hausratversicherung. Sie ist gesondert zu vereinbaren, kann aber ebenfalls einige Lücken haben. So ist häufig das Rad während des Gebrauchs oft nur zwischen 6 und 22 Uhr versichert; außerhalb dieser Zeit nur dann, wenn es sich in einem abgeschlossenen Fahrradabstellraum oder »in Gebrauch« befindet. → Seite 114

Reisegepäckversicherung

Vom Abschluss einer Reisegepäckversicherung raten wir ab, weil sie für einen relativ hohen Beitrag nur einen minimalen Schutz bietet. Die Versicherer kürzen aber in der Vielzahl der Fälle erfolgreich eine Schadenersatzleistung, da häufig die strengen Auflagen in den Versicherungsbedingungen nicht erfüllt werden. Wenn man aber all die aufgegebenen Vorsichtsmaßnahmen ergreift, ist es einem Dieb fast nicht mehr möglich, das Gepäck zu stehlen → Seite 140.

Zudem ist das Reisegepäck bei Bestehen einer Hausratversicherung auch gegen eine Entwendung aus dem verschlossenen Hotelzimmer sowie gegen Raub im Rahmen der sogenannten Außenversicherung bis zu einer bestimmten Entschädigungsgrenze geschützt.

Vielfach werden im Zusammenhang mit Auslandsreisen Versicherungspakete angeboten, die neben einer Auslandreisekranken-, Reiserücktritts- auch eine Reisegepäckversicherung enthalten. Die Angebote im Gesamtpaket sind meist teurer und beinhalten überflüssige Versicherungen. Sinnvoller ist es daher, die notwendigen Versicherungen einzeln abzuschließen.

Erst recht ist abzuraten von Paketangeboten, die darüber hinaus auch noch Schutz etwa gegen Reiseunfall bieten sowie von einer zusätzlichen Reisehaftpflichtversicherung. Eine private Haftpflichtversicherung ist ohnehin für jedermann existenziell notwendig und sollte deshalb schon vorhanden sein → Seite 87. Wann eine Unfallversicherung anzuraten ist, können Sie in dem Kapitel »... wenn Sie ein erhöhtes Unfallrisiko haben?«, → Seite 73, nachlesen.

Insassenunfallversicherung

Eine Insassenunfallversicherung können Sie als Zusatz zur Kfz-Versicherung abschließen. Allerdings ist diese Versicherungsform in den meisten Fällen überflüssig. Haben Sie einen Unfall verschuldet, kommt Ihre eigene Kfz-Haftpflichtversicherung für berechtigte Schadensersatzansprüche der Bei- und Mitfahrer, das heißt auch der Ehegatten und Kinder, auf. War der Unfallgegner schuld, zahlt dessen Versicherung. Nur der Fahrer ist bei einem selbst verschuldeten Unfall nicht versichert. Der Fahrer ist aber über eine »normale« private Unfallversicherung bzw. (noch besser) private Berufsunfähigkeitsversicherung abgesichert.

Tierkrankenversicherung

Tierarztkosten können mitunter teuer werden. Hier versprechen Tierkrankenversicherungen Abhilfe. Es gibt reine OP-Versicherungen sowie die wesentlich teureren Krankenvollversicherungen. Doch ist vom Abschluss einer Tierkrankenversicherung abzuraten. Zu zahlreich sind die Einschränkungen. So sind in der Regel die Impfungen und Behandlungen der ersten vier bis sechs Lebensmonate gar nicht versichert. Hinzu kommen für jede Behandlung ein Selbstbehalt und eine Höchstentschädigungsgrenze zum Beispiel von 600 Euro für eine Einzelbehandlung bei einem Hund. Daneben gibt es auch Höchstsummenbegrenzungen für das Versicherungsjahr. Zudem befinden sich im Kleingedruckten zahlreiche Ausschlüsse wie etwa angeborene oder chronische Erkrankungen. Hunde und Katzen ab einem bestimmten Alter werden gar nicht erst angenommen.

Wir raten daher, monatlich einen gewissen Betrag für den Vierbeiner zurückzulegen, statt das Geld in die Versicherung zu stecken.

Ganz wichtig ist demgegenüber für alle Hundebesitzer der Abschluss einer Tierhalterhaftpflichtversicherung. Näheres dazu finden Sie in dem Kapitel »... wenn Sie Schäden anrichten?« unter Haftpflichtversicherungen für besondere Risiken → Seite 95.

Brillen-, Handy- und sonstige Geräteversicherungen

Kommt Ihre Brille zu Schaden oder fällt Ihr Handy im Urlaub versehentlich in den Pool, ist das zwar ärgerlich, aber nicht existenzbedrohend. Für all diese Fälle gibt es Versicherungen. Allerdings ist es in der Regel sinnvoller, für derartige Schäden ein wenig Geld zurückzulegen, denn die meisten Versicherungen sind zu teuer und haben dabei zu viele Ausschlüsse.

Der Schutz gegen Diebstahl ist häufig auf Einbruchdiebstahl und Raub beschränkt. Je nach Versicherer darf das teure Gerät nur zwischen 6 und 22 Uhr gestohlen werden, um in den Genuss des Versicherungsschutzes zu kommen. Viele Schäden sind bereits von der Hausratversicherung abgedeckt. Zudem wird in der Regel ohnehin nur der Zeitwert ersetzt. Können Sie im konkreten Fall gegen den Verkäufer einen Anspruch aus Gewährleistung geltend machen oder ist der Schaden von der

Hausratversicherung gedeckt, kann nach den meisten Versicherungsbedingungen der Geräteversicherer ohnehin nicht in Anspruch genommen werden.

Unterm Strich kann es Ihnen passieren, dass Sie für die Versicherung mehr zahlen, als Sie vom Versicherer erhalten. Wer dennoch auf eine Versicherung nicht verzichten möchte, sollte viele Tarife vergleichen und das Kleingedruckte genauestens studieren.

Garantieverlängerung

Beim Neuerwerb eines Elektrogerätes wird oft zum gleichzeitigen Abschluss einer Garantieverlängerung geraten, zum Teil auch in Kombination mit einem Geräteschutz, wie zuvor beschrieben. Hierbei handelt es sich fast ausschließlich um Versicherungsprodukte, die der Händler lediglich vermittelt. Der Garantievertrag selbst kommt dann mit dem jeweiligen Versicherer zustande. Der zu zahlende Betrag hängt vom Wert des Gerätes ab. Eine einfache Garantieverlängerung ist günstiger als ein Komplettpaket mit zusätzlichem Geräteschutz etwa gegen Diebstahl, Stoßschäden oder Wasserschäden. Der Abschluss lohnt zumeist nicht.

Häufig gibt der Hersteller eine Garantie von zwei Jahren. Gewährleistungsrechte gegen den Verkäufer gelten ebenfalls für einen Zeitraum von zwei Jahren bei Neugeräten. Die einfache Garantieverlängerung bietet Schutz über eine bestehende Herstellergarantie bzw. Gewährleistungsrechte hinaus ab dem dritten Jahr für weitere ein bis drei Jahre je nach Vertrag. Die Garantieverlängerung schützt aber nur gegen Material-, Konstruktions-, Produktions- oder Werkstattfehler, und zwar ab dem dritten Jahr. Das bedeutet, dass man dann in den Genuss der Versicherung kommt, wenn beispielsweise ein Materialfehler im dritten Jahr auftritt.

Ersetzt wird aber nur der Zeitwert. Ist eine Reparatur möglich, werden die Kosten für eine Reparatur bis zur Höhe des Zeitwertes ersetzt. Kann der Schaden nicht behoben werden, kann der Versicherer zumeist wählen, ob er ein Ersatzgerät oder eine Geldentschädigung leistet, wohlgemerkt bis zur Höhe des Zeitwerts. Den Zeitwert bestimmen die Versicherungen, indem sie beispielsweise angeben, dass der Zeitwert bei einem drei Jahre alten Gerät nur noch 60 Prozent beträgt.

Sterbegeldversicherung

Sterbegeldversicherungen kosten zu viel Geld. Bei diesen Versicherungen handelt es sich um kleine Kapitallebensversicherungen. Beim Tod der versicherten Person wird die vereinbarte Versicherungssumme an die im Vertrag bestimmte Person ausgezahlt. Nur ein Teil der Prämien entfällt auf den Sparanteil. Der Rest wird verwendet für die Deckung der Verwaltungskosten sowie für den Risikoschutz.

Die Versicherungssummen, die von den Versicherern angeboten werden, sind häufig zu niedrig, um die Beerdigungskosten decken zu können. Wenn die Einzahlungsphase beendet ist, ist die eingezahlte Summe wesentlich höher als die Versicherungssumme. Stirbt hingegen der Versicherte kurz nach Vertragsschluss, wird nur ein Teil der Versicherungssumme ausgezahlt.

Wollen Sie Ihre Angehörigen vor den Kosten für eine Beerdigung schützen, ist es günstiger, eine Risikolebensversicherung abzuschließen. Die Beiträge sind wesentlich günstiger. Der Rest kann so zusätzlich angespart werden.

Ausbildungsversicherung

Auch die Ausbildungsversicherung ist eine Kapitallebensversicherung, bei der eine kleinere Versicherungssumme vereinbart wird. Deshalb ist auch hiervon abzuraten. Besser und kostengünstiger ist es, selbst eine Summe anzusparen. Diese steht dann für die Ausbildung der Kinder zur Verfügung. Zugleich sollte zur finanziellen Absicherung der Kinder eine Risikolebensversicherung abgeschlossen werden.

Kreditversicherungen

Häufig drängen Banken den Kunden bei Abschluss eines Kreditvertrags eine Restschuldversicherung auf. Die Kosten für die Versicherung werden durch Erhöhung der Darlehenssumme mitfinanziert. Die Versicherungen gleichen die Kreditschulden im Falle des Todes aus. Es handelt sich damit um eine spezielle Form der Risikolebensversicherung. Häufig wird auch Schutz bei Arbeitsunfähigkeit sowie Arbeitslosigkeit mitversichert. Diese Kreditversicherungen sind meist zu teuer, da sie mit hohen Kosten verbunden sind. Der effektive Jahreszins wird auf diesem Wege in die Höhe getrieben.

Zudem enthalten die Kreditversicherungen zu viele Einschränkungen sowie Ausschlüsse. So ist etwa die Zahlung bei Arbeitslosigkeit auf einen gewissen Zeitraum begrenzt. Dieser beträgt je nach Vertrag zwischen 12 und 18 Monaten.

Zwar ist gerade bei hohen Kreditsummen zur Absicherung der Familie eine Restschuldversicherung für den Fall des Todes notwendig. Sofern sie keine Risikolebensversicherung (mit ausreichender Versicherungssumme) haben, schließen Sie eine solche in Form der Restschuldversicherung separat ab und suchen Sie sich selbst den geeigneten Versicherer aus. Achten Sie darauf, dass im Vertrag die Anpassung der Versicherungssumme an die jeweilige Kreditforderung vorgesehen ist.

Wie kommen Sie an die richtigen Verträge?

Mithilfe dieses Ratgebers konnten Sie sich darüber informieren, welche Verträge Sie benötigen und welche nicht. Darüber hinaus sollten Sie darauf achten, dass Ihre Verträge genau Ihrem Risiko entsprechen.

Versicherungsbedarf analysieren

Wenn Sie sich die Mühe gemacht haben, Ihren Versicherungsbedarf grundsätzlich zu checken, sollten Sie jetzt auch im Sachbereich nur solche Verträge abschließen, die zu Ihrer Lebenssituation und Ihrem persönlichen Bedarf passen. Was nützt die beste Hausratversicherung, wenn Sie etwa in Ihrer Wohnung auch ein Büro haben und dieses beim Otto-Normal-Versicherer nicht mitversichert ist? Im Bereich der Personenversicherungen ist billig versichert auch nicht immer richtig versichert. Dies gilt zum Beispiel ganz besonders für Berufsunfähigkeitsversicherungen.

Informationen und Unterstützung

Die aktuellen Adressen aller Versicherungsunternehmen finden Sie im Internet auf der Homepage des Gesamtverbands der deutschen Versicherungswirtschaft unter: www.gdv.de.

→ TIPP

Ausführliche aktuelle Vergleichstests in allen Versicherungssparten finden Sie im Internet auf den Seiten der Stiftung Warentest unter www.test.de. Diese Tests werden auch in der Zeitschrift Finanztest der Stiftung Warentest veröffentlicht. Diese können Sie in allen Beratungsstellen der Verbraucherzentralen einsehen. Dort finden Sie auch weitere Informationen in der »Infothek«. Sie erhalten außerdem kostenpflichtige, computergestützte Beratungen hinsichtlich des Versicherungsschutzes. Ebenso für den Schadensfall erhalten Sie eine entsprechende Beratung und auch Rechtsvertretung.

Eine pauschale Nennung von empfehlenswerten Anbietern nehmen wir hier nicht vor. Zu groß sind die Preis-Leistungs-Unterschiede. Die »richtigen« Anbieter finden Sie in der Regel durch eine individuelle Bedarfsanalyse.

Hinweise und Tipps für den Vertragsschluss

- → Jeder Versicherer ist seit dem 1. Januar 2008 verpflichtet, Ihnen als Versicherungsnehmer bei Neuabschlüssen bestimmte Informationen an die Hand zu geben – und dies vor Abgabe Ihrer Vertragserklärung. Welche dies sind, können Sie in der Verordnung über Informationspflichten bei Versicherungsverträgen (VVG-InfoV) nachlesen. Neben den sogenannten Versicherungsbedingungen hat der Versicherer Ihnen ein Produktinformationsblatt zur Verfügung zu stellen. Das Produktinformationsblatt sollte Ihnen einen ersten guten Überblick über das von Ihnen gewählte Versicherungsprodukt geben.
- → Bedenken Sie, dass für sämtliche Versicherungssparten gilt: Jeder Versicherer hat seine eigenen Versicherungsbedingungen. Zwar gibt der Gesamtverband der Versicherungswirtschaft regelmäßig Musterbedingungen heraus. Allerdings stellen diese nur einen Formulierungsvorschlag dar. Kein Versicherer ist verpflichtet, diese zu übernehmen. Deshalb können die Leistungen und Ausschlüsse von Versicherer zu Versicherer variieren. Ganz wichtig ist es deshalb, sämtliche Vertragsunterlagen genauestens zu studieren, und zwar sowohl das Kleingedruckte im Versicherungsantrag als auch den Versicherungsschein, das Produktinformationsblatt sowie die Versicherungsbedingungen. Unklarheiten sollten vor Vertragsabschluss beseitigt werden. Vergleichen Sie zudem die auf dem Versicherungsantrag gemachten Angaben/Vereinbarungen mit denjenigen auf dem Versicherungsschein. Sollten Abweichungen bestehen, ist gegebenenfalls Rücksprache mit dem Versicherer zu halten.
- → Im Sachversicherungsbereich (wie Hausrat-, Gebäudeversicherungen usw.) werden häufig für einen Tarif

mehrere Varianten angeboten. So findet sich vielfach für einen Tarif ein Basis-, ein Komfort- sowie ein Premiumpaket oder mit ähnlichen Bezeichnungen versehene unterschiedliche Vertragsausgestaltungen. Prüfen Sie genau nach, ob der von Ihnen gewählte Versicherungsschutz auch die Leistungen enthält, die Sie wünschen. Häufig wird mit Leistungen geworben, die dann aber in der von Ihnen gewählten Variante nicht enthalten sind.

→ Für alle Versicherungssparten gilt, dass die Tarife der einzelnen Versicherer stark variieren können. Das gilt sowohl für die Beiträge als auch für die angebotenen Leistungen. Deshalb ist es ganz wichtig, möglichst viele Angebote zu vergleichen, um das beste Preis-Leistungs-Verhältnis zu erhalten. So können Sie etwa bei der für Eigenheimbesitzer notwendigen Wohngebäudeversicherung bei gleichen Leistungen gut und gerne über

500 Euro Differenz je nach Versicherer zahlen.

→ Welche Leistungen man bei welcher Versicherung braucht, wird einem häufig erst klar, wenn ein Schaden eintritt und der Versicherer einem womöglich mitteilt, dass dieser Fall nicht gedeckt ist, aber hätte abgedeckt werden können. Da sich nicht pauschal beantworten lässt, für wen welcher Versicherungsschutz und mit welchem Leistungsumfang sinnvoll und notwendig ist, sollten Sie sich vor Vertragsschluss über mögliche Ausschlüsse und Zusatzleistungen informieren.

→ Beantworten Sie sämtliche Fragen des Versicherers wahrheitsgemäß. Auch wenn Sie meinen, dass die eine oder andere Angabe überflüssig oder unwichtig ist, kann Sie eine unterbliebene Angabe den Versicherungsschutz kosten. Dies ist vor allem bei den Gesundheitsfragen im Bereich der Kranken- oder Berufsunfähigkeitsversicherungen von großer Bedeutung.

→ Heben Sie sämtliche Vertragsunterlagen sorgfältig auf, der Übersicht halber am besten in einem extra Versicherungsordner. So haben Sie jederzeit die Möglichkeit, noch einmal in den Versicherungsbedingungen nachzulesen, welche Leistungen der Versicherungsschutz enthält, welche Pflichten Sie im Falle eines Schadens haben oder bis zu welchem Zeitpunkt Sie Ihre Versicherung jeweils kündigen müssen. Heften Sie Nachträge, Änderungen und anderes mit ab.

→ Bedenken Sie, dass sowohl der Versicherungsvertreter als auch der Versicherungsmakler für jeden vermittelten Vertrag eine Provision von der jeweiligen Versicherungsgesellschaft erhält. Deshalb sollten Sie nicht blind vertrauen und vorschnell einen Vertrag abschließen. Nehmen Sie sich Zeit und lassen Sie sich nicht zu einem sofortigen Vertragsschluss verleiten. Gehen Sie nach Möglichkeit nicht allein zum Vertreter oder Makler, sondern nehmen Sie einen Zeugen mit, der idealerweise nach dem Gespräch noch einmal für sich als Gedächtnisstütze zusammenfasst, was besprochen wurde. Verzichten Sie nicht auf ein schriftliches und vom Vermittler unterschriebenes Beratungsprotokoll. Prüfen Sie dessen Inhalt auf Richtigkeit und Vollständigkeit.

→ Allgemein gilt, dass sich bei Änderungen Ihrer Lebenssituation auch der Versicherungsbedarf ändert und entsprechend angepasst werden muss. Wenn Sie beispielsweise zwischenzeitlich geheiratet, Kinder bekommen haben oder Eigenheimbesitzer geworden sind, benötigen Sie möglichst hierauf abgestimmte Versicherungen. Unabhängig davon sollten Sie grundsätzlich in regelmäßigen Abständen von ein bis zwei Jahren Ihre Versicherungsverträge einer Prüfung unterziehen. Möglicherweise finden sich dabei Gelegenheiten zum Wechsel in mittlerweile günstigere Tarife des gleichen oder aber eines anderen Versicherers.

→ Nutzen Sie die Angebote unabhängiger Institutionen, um sich vorab über den für Sie sinnvollen Versicherungsschutz zu informieren. Wir empfehlen eine entgeltliche Versicherungsberatung bei einer örtlichen Beratungsstelle der Verbraucherzentralen → Seite 173. Hilfreich sind auch die regelmäßigen Tests der Stiftung Warentest, dessen Ergebnisse in der Zeitschrift Finanztest veröffentlicht werden. Diese können kostenpflichtig direkt über die Stiftung Warentest unter www.test.de abgerufen oder auch im Zeitschriftenhandel erworben werden.

Wie beenden Sie falsche oder zu teure Versicherungen?

Für ab dem 1. Januar 2008 geschlossene Verträge gelten die neuen Regelungen des VVG (Versicherungsvertragsgesetz) ab diesem Zeitpunkt. Seit dem 1. Januar 2009 gelten diese Regelungen (mit Ausnahmen) auch für Altverträge, also für Verträge, die vor dem 1. Januar 2008 entstanden sind.

Widerrufsrecht und -frist für alle Versicherungssparten

Haben Sie eine überflüssige oder zu teure Versicherung abgeschlossen und möchten sich von ihr lösen, sollten Sie dies in Schriftform tun. Achten Sie dabei darauf, dass ihre eigenhändige Unterschrift nicht fehlt und sorgen Sie für einen Nachweis Ihres Trennungswunsches. Dies sollte bestenfalls durch ein Einwurfeinschreiben geschehen. Es empfiehlt sich, die Versicherungsgesellschaft in dem Schreiben ausdrücklich aufzufordern, den Widerruf oder die Kündigung schriftlich zu bestätigen. Achten Sie bitte auf die üblichen Postlaufzeiten von bis zu drei Tagen, da die Kündigung erst mit Zugang beim Versicherer Wirkung entfaltet. Demgegenüber reicht beim Widerruf zur Fristwahrung die rechtzeitige Absendung. Welche Fristen hierbei einzuhalten sind, ist im Versicherungsvertragsgesetz (VVG) geregelt und hängt von der Art des Versicherungsvertrags ab.

Widerruf

Wenn Sie bereits kurz nach Abschluss eines Vertrags feststellen, dass Sie bei einem zu teuren Anbieter gelandet sind oder eine andere Gesellschaft einen besseren Schutz bietet, haben Sie die Möglichkeit, sich durch Widerruf vom Vertrag zu trennen. Für alle

Nicht-Lebensversicherungen beträgt die Frist 14 Tage (§ 8 Abs. 1 S. 1 VVG), sofern nicht der jeweilige Vertrag eine längere Widerrufsfrist angibt.

Für alle Lebensversicherungen beträgt sie 30 Tage (§ 152 Abs. 1 VVG). Zu den Lebensversicherungen in diesem Sinne zählen die Risikolebensversicherungen, die kapitalbildenden und fondsgebundenen Lebens- und Rentenversicherungen sowie die Berufsunfähigkeitsversicherungen.

Der Widerruf bedarf nach dem Gesetz nur der Textform, also nicht der Schriftform. Damit reicht eine Widerrufserklärung per Fax oder E-Mail zwar aus – nicht ausreichend ist lediglich eine mündliche Erklärung. Allerdings ist zu Beweiszwecken ein Widerruf in Schriftform per Einwurfeinschreiben sinnvoll. Der Zugangsnachweis einer E-Mail ist nur bei Eingang einer Lesebestätigung erbracht. Auch der Nachweis des Zugangs bei einem Fax hat seine Tücken. Der Sendebericht mit „OK"-Vermerk reicht im Zweifel nicht aus. Der OK-Vermerk belegt nur das Zustandekommen der Verbindung. Der Vermerk ist lediglich ein Indiz für den Zugang. Für die rechtzeitige Absendung und auch für den Zugang beim Versicherer haben Sie im Streitfall den Beweis zu erbringen.

Einer Begründung bedarf der Widerruf nicht.

Das allgemeine Widerrufsrecht gilt unter anderem in folgenden Fällen nicht:

- → bei Verträgen, die nicht länger als einen Monat laufen (zum Beispiel Reiserücktrittsversicherung),
- → bei Verträgen über eine vorläufige Deckung, d. h. Verträge, die sofortigen Versicherungsschutz bieten (zum Beispiel Kfz-Haftpflicht) – es sei denn, es handelt sich um einen Fernabsatzvertrag – und
- → bei Verträgen, die schon vollständig erfüllt sind, bevor überhaupt die Unterlagen zugesendet werden können (zum Beispiel eine Reiseunfallversicherung). Hier erlischt das Widerrufsrecht.

Die Frist für den Widerruf beginnt mit dem Zeitpunkt zu laufen, an dem Sie alle Informationen und die Belehrung über Ihr Widerrufsrecht in Textform erhalten. Bitte beachten Sie, dass Textform nicht Schriftform bedeutet. Daher reicht auch die Übersendung einer E-Mail, einer Datei auf USB-Stick oder CD-ROM, eines Telefax oder (nicht unterschriebenen) Briefs aus. Für die exakte Bestimmung des Zeitpunkts hilft darüber hinaus ein Blick in das Antragsformular selbst. Hieraus ergibt sich, nach welchem Modell Sie Versicherungsschutz beantragt haben. Man unterscheidet insofern zwischen Antrags- und Invitatiomodell.

Beim Antragsmodell, welches in der Praxis überwiegend zu finden ist, haben dem Kunden bereits bei Antragstellung alle vorgeschriebenen Informationen und Belehrungen vorgelegen, was er auch in der Regel mit seiner Unterschrift unter dem Antrag ausdrücklich bestätigt. Diesen Antrag braucht die Versicherung nur noch anzunehmen, was durch Zusendung der Versicherungspolice geschieht. Im Augenblick des Zugangs der Police beim Kunden beginnt die Frist.

Beim ebenfalls noch häufig vorkommenden Invitatiomodell ist der Antrag des Kunden zunächst darauf gerichtet, die Versicherung zu veranlassen, ein Angebot zu machen. Macht dann der Versicherer nach Maßgabe der im Antrag gelieferten Informationen ein konkretes Angebot, liegt es nunmehr am Kunden, dieses anzunehmen, wofür gewöhnlich eine Frist von 14 Tagen eingeräumt wird. Erst dann, wenn der Kunde den Antrag der Versicherung annimmt, gilt der Versicherungsvertrag als geschlossen und die Widerrufsfrist beginnt mit Zugang der Annahmeerklärung bei der Versicherung.

Die Frist beginnt jedoch erst gar nicht zu laufen, wenn Ihnen die Informationen nicht oder nur unvollständig oder fehlerhaft zugegangen sind oder wenn der Versicherer Sie nicht oder nur fehlerhaft über Ihr Recht belehrt hat. In diesem Fall erlischt das Widerrufsrecht nach den Buchstaben des Gesetzes eigentlich gar nicht. Anders als im »alten« Versicherungsvertragsgesetz gibt es dazu keine Regelung. Allerdings können Sie zum Beispiel nach jahrelanger Beitragszahlung Ihr Widerrufsrecht »verwirken«. Hier kommen dann die Grundsätze von »Treu und Glauben« gemäß § 242 BGB zum Tragen.

Haben Sie nunmehr rechtzeitig Ihren Widerruf erklärt, gilt der Vertrag als nicht zustande gekommen. Der Versicherer hat aber nur die Prämien zurückzuerstatten, die bereits für die Zeit nach Widerruf vorausbezahlt wurden. Geleistete Prämien für die Vergangenheit verbleiben beim Versicherer, sofern der Versicherungsnehmer in der Belehrung auf sein Widerrufsrecht und dessen Rechtsfolgen sowie den zu zahlenden Betrag (oder ein Hinweis auf dessen Berechnung) hingewiesen worden ist und er darüber hinaus (auch konkludent etwa durch Zahlung der Erstprämie) zugestimmt hat, dass der Versicherungsschutz vor Ablauf der Widerrufsfrist beginnen soll (siehe § 9 VVG).

Kündigung

Bietet sich für Sie nicht die Möglichkeit des Widerrufs, etwa bei länger bestehenden Versicherungsverträgen, kommt für Sie bei einem Trennungswunsch nur die Kündigung des Vertrags in Betracht.

Bevor Sie sich nun im Einzelnen mit Ihren Möglichkeiten der Kündigung auseinandersetzen, müssen Sie zunächst feststellen, ob Sie eine Lebens- oder eine sonstige Versicherung beenden wollen. Wenn Sie eine Lebensversicherung kündigen möchten, lesen Sie im Kapitel »Beendigung von Lebensversicherungen« weiter → Seite 165. Im Hinblick auf alle anderen Versicherungen gibt Ihnen das nachfolgende Kapitel »Kündigung von Versicherungen« Rat.

Kündigung von Versicherungen

Vertragsdauer und Kündigung (§ 11 VVG)

Kundenfreundliche Versicherer schließen mit ihren Versicherten grundsätzlich nur Jahresverträge mit Verlängerungsklausel ab. Diese sind dann jährlich kündbar. Bei Zufriedenheit beider Seiten verlängern sie sich jeweils automatisch immer um ein Jahr.

Unfreundliche oder vor allem zu teure Versicherer konnten in der Vergangenheit ihre Kunden fünf oder früher sogar zehn Jahre knebeln. Diese Zeiten sind endgültig vorbei.

Das Versicherungsvertragsgesetz bestimmt nun ausdrücklich, dass Versicherungsverträge unabhängig von der Dauer vom Versicherungsnehmer zum Ende des dritten Jahres und danach jährlich kündbar sind.

Für die private Krankenvollversicherung gibt es spezielle Vorschriften in den §§ 205 und 206 des Versicherungsvertragsgesetzes (VVG). Die Besonderheiten werden nachfolgend erläutert.

§ GESETZLICHE GRUNDLAGEN

Ordentliche Kündigung

Es besteht für beide Seiten ein jährliches Kündigungsrecht (§ 11 VVG). Wenn beide Seiten mit dem Vertragsverlauf zufrieden sind, verlängert er sich jeweils automatisch um ein Jahr, sofern dies vereinbart ist (§ 11 Abs. 1 VVG). Lediglich Verträge, die für einen längeren Zeitraum als drei Jahre geschlossen werden, können frühestens zum Schluss des dritten Jahres gekündigt werden.
Daneben gibt es – zum Beispiel für die private Krankenversicherung – spezielle Kündigungsvorschriften.

Die allgemeine Kündigungsfrist ist ebenfalls für beide Seiten gleich: Sie muss mindestens einen Monat und darf längstens drei Monate dauern. Die einmonatige Kündigungsfrist gibt es zum Beispiel in der Kfz-Haftpflichtversicherung. In den anderen Sparten ist bisher die Frist von drei Monaten üblich.

Für die private Krankenvollversicherung bestimmt § 205 VVG, dass der Versicherungsnehmer die Versicherung zum Ende eines jeden Versicherungsjahres mit einer Kündigungsfrist von drei Monaten kündigen kann. Allerdings ist eine vereinbarte Mindestversicherungsdauer zu berücksichtigen. Zudem ist der Nachweis einer Anschlussversicherung gegenüber dem bisherigen Versicherer zu erbringen.

→ **TIPP**

Häufig lohnt vor Ausspruch der Kündigung ein Gespräch mit dem Versicherer, insbesondere mit dem Hinweis einer günstigeren Versicherungsmöglichkeit bei einer anderen Gesellschaft. Möglicherweise unterbreitet Ihnen der Versicherer Ihnen ebenfalls ein günstiges Angebot zu guten Bedingungen, sodass sich ein Wechsel erübrigt.

Außerordentliche Kündigung

Für die sogenannte außerordentliche Kündigung des Versicherungsvertrags gelten erheblich verkürzte Kündigungsfristen, um die möglichst zügige Trennung der Vertragsparteien zu gewährleisten. Sie ist aber nur in besonderen Fällen möglich, die nachfolgend genannt sind.

Kündigungsrecht nach einer Beitragserhöhung (§ 40 VVG)

Erhöht der Versicherer den Beitrag (aufgrund einer Anpassungsklausel), ohne auch die Leistungen zu erhöhen, haben Sie das Recht, den Vertrag zu kündigen. Ihnen steht dazu eine Frist von einem Monat nach Zugang der Erhöhungsmitteilung zu. Die Gesellschaft ist gesetzlich verpflichtet, Sie auf dieses Recht hinzuweisen.

Das Gleiche gilt natürlich auch, wenn der Versicherer die Leistung vermindert, den Beitrag aber beibehält. Denn de facto ist das auch eine Prämienerhöhung.

Das Gesetz bestimmt ausdrücklich, dass die Erhöhungsmitteilung des Versicherers spätestens einen Monat vor Wirksamwerden vorzuliegen hat. Hält er sich daran, bezieht sich Ihre Kündigung auf den Zeitpunkt des Wirksamwerdens der Erhöhung.

Die Vergangenheit hat aber gezeigt, dass es Anbieter gibt, die die Benachrichtigung über die Erhöhung gar nicht oder erst danach verschicken. In diesem Fall können Sie innerhalb eines Monats ab Zugang der Benachrichtigung den Vertrag mit sofortiger Wirkung kündigen.

Auch für die private Krankenvollversicherung gilt, dass der Versicherungsnehmer ein außerordentliches Kündigungsrecht hat, wenn der Versicherer die Prämie erhöht oder die Leistungen herabsetzt. Dieses Recht ist geregelt in § 205 Abs. 4 VVG.

Kündigungsrecht nach einem Schadensfall

§ GESETZLICHE GRUNDLAGEN

Nach einem Schadensfall in einer Sachversicherung haben beide Seiten das Recht, bis zum Ablauf eines Monats nach Ende der Verhandlungen den Vertrag zu kündigen (§ 92 VVG).

Das Versicherungsunternehmen muss dabei eine Frist von einem Monat einhalten. Sie als Versicherter haben die Wahl, ob Sie fristlos oder zum Ende der laufenden Versicherungsperiode kündigen. Letzteres empfiehlt sich, wenn der Vertrag von seiner Art her wichtig ist und Sie sich zum Beispiel Zeit bei der Suche nach einem sehr guten Anschlussvertrag lassen möchten.

Nach einem Schadensfall in einer Haftpflichtversicherung haben beide Seiten das Recht, innerhalb eines Monats nach Ende der Verhandlungen den Vertrag zu kündigen (§ 111 VVG), wenn der Versicherer den Fall anerkannt oder zu Unrecht abgelehnt oder die Weisung erteilt hat, es auf eine Klage des Geschädigten ankommen zu lassen.

Für die Fristen gilt das zuvor Geschriebene. Im Bereich Haftpflicht sollten Sie ganz besonders gut überlegen, ob Sie fristlos kündigen. Da Sie nach dem Bürgerlichen Gesetzbuch grenzenlos haften, sollte dies ausschließlich dann geschehen, wenn ein nahtlos anschließender Folgevertrag bereits unter Dach und Fach ist.

Für die Rechtsschutzversicherung gibt es leider immer noch keine einheitliche Regelung im Versicherungsvertragsgesetz. Hier hilft also nur der Blick in die eigenen Versicherungsbedingungen, da hier alle möglichen (und unmöglichen) Varianten vertreten sind.

Sonderfälle

Treten besondere Umstände im Leben des Versicherungsnehmers ein, die die Aufrechterhaltung des Versicherungsvertrags sinnlos erscheinen lassen, besteht die Möglichkeit der vorzeitigen Beendigung.

Wer etwa seinen Wohnort in eine andere Stadt verlegt, kann den Hausratversicherungsvertrag kündigen, wenn für ihn aufgrund des Umzugs die Beiträge steigen.

Beim Verkauf eines Hauses kann die Wohngebäudeversicherung gekündigt werden. Allerdings nur vom Käufer (und daneben auch vom Versicherer), wenn er als Eigentümer im Grundbuch eingetragen ist.

Auch beim Autokauf kann der Erwerber, der zunächst den für das Fahrzeug bestehenden Versicherungsvertrag übernommen hat, kündigen und die Kfz-Haftpflicht woanders abschließen.

Sollten Sie von einem der obig beschriebenen außerordentlichen Kündigungsgründe Gebrauch machen wollen, achten Sie unbedingt darauf, dass Sie bereits einen nahtlos anschließenden Folgevertrag bei dem Versicherer Ihrer Wahl abgeschlossen haben, sofern der gekündigte Vertrag für Sie von Bedeutung war.

Beendigung von Lebensversicherungen

Private kapitalbildende Lebens- und Rentenversicherungen, die Sie vor dem 1. Januar 2005 abgeschlossen haben, sollten Sie nur in dringenden Notfällen beitragsfrei stellen und nur in noch dringenderen Notfällen kündigen. Diese Verträge kommen am Ende der Laufzeit steuerfrei zur Auszahlung (sofern eine Laufzeit von mindestens 12 Jahren besteht, mindestens 5 Jahre lang Beiträge gezahlt wurden; für Verträge ab dem 31. März 1996 zusätzlich: Todesfallschutz vereinbart in Höhe von mindestens 60 Prozent der Beitragssumme). Je länger sie schon laufen, desto unsinniger ist es, sie vorzeitig zu beenden. Dies gilt selbst bei ertragsschwachen Gesellschaften. Der Steuervorteil ist durch einen Wechsel zu wesentlich ertragreicheren Gesellschaften oder Anlagearten nach unseren Berechnungen nicht zu überbieten.

Verträge, die nach dem 31.12.2004 abgeschlossen wurden, unterliegen der Kapitalertragssteuer. Sofern bestimmte Voraussetzungen erfüllt sind (Ablaufleistung wird in einem Betrag ausgezahlt, Mindestvertragslaufzeit von 12 Jahren, Auszahlung nach Vollendung des 60. Lebensjahres – bei Vertragsschluss ab 2012 nach Vollendung des 62. Lebensjahres und weitere hier nicht benannte Voraussetzungen-, Todesfallschutz beträgt mindestens 50 Prozent der Beitragssumme), ist nur die Hälfte der Erträge zu versteuern.

Grundsätzlich stehen Ihnen bei Lebensversicherungen folgende Rechte zur Verfügung:

→ Kündigung zum Rückkaufswert
→ Beitragsfreistellung
→ Verkürzung der Laufzeit
→ Verkauf der Police.

Diese Schritte sind in der Regel mit erheblichen finanziellen Einbußen verbunden. Prüfen Sie, ob Sie nicht Ihren Vertrag dahin gehend ändern können, dass Sie Beiträge sparen oder die Ertragsstärke des Vertrags steigern können, damit sich eine vorzeitige Beendigung erübrigt. Lesen Sie dazu unbedingt unsere Hinweise zum »Policen-Trimm« → Seite 166.

Dies gilt insbesondere für vor dem 1. Januar 2005 abgeschlossene Verträge. Diese kommen unter den oben genannten Voraussetzungen steuerfrei zur Auszahlung. Diesen Steuervorteil können Sie je nach dem von Ihnen gewählten Schritt ganz oder teilweise verlieren:

- Bei der Kündigung zum Rückkaufswert verlieren Sie diesen späteren Steuervorteil, da der Vertrag erlischt. Die Beitragsfreistellung führt zu einer Kürzung der steuerfreien Auszahlung. Beim Verkauf erhält der Käufer die Summe dagegen steuerfrei am Ende der Laufzeit. Dies gilt aber seit dem 1. Januar 2009 nur noch dann, wenn der Vertrag zum Zeitpunkt des Verkaufs schon länger als zwölf Jahre bestanden hat.
- Die Verkürzung der Laufzeit werten die Finanzämter als »Novation«. Dies hat zur Folge, dass auch auf Verträge, die vor dem 31. Dezember 2004 abgeschlossen wurden, das nach dem 1. Januar 2005 geänderte Steuerrecht Anwendung findet: Die spätere Auszahlung ist zu versteuern. Wir empfehlen diesen Schritt daher auf keinen Fall.

Prüfen Sie die Verträge – »Policen-Trimm«
Zur Verbesserung der Ertragsstärke Ihres Vertrags oder zur Senkung von Beiträgen haben Sie je nach derzeitiger Ausgestaltung folgende Möglichkeiten:

- Umstellung der Beitragszahlung auf Jahresbeiträge
- Kündigung von unnötigen Zusatzversicherungen wie zum Beispiel Unfallzusatzversicherung
- Umstellung des Überschusssystems oder
- Anpassung/Streichung der Dynamik.

Die meisten Versicherten zahlen die Prämien für ihre kapitalbildenden Versicherungen in monatlichen Raten. Die wenigsten wissen, dass damit ein Ratenzuschlag von bis zu 5 Prozent im Jahr verbunden ist, es also preiswerter ist, die Prämie pro Jahr zu zahlen.

Falls es Ihnen nicht möglich ist, schlagartig auf eine Jahreszahlung umzusteigen, sollten Sie wie folgt vorgehen: Zahlen Sie zunächst weiter ihre Beiträge in Raten. Legen Sie den gleichen Betrag entsprechend Ihrer Zahlungsweise zum Beispiel auf einem Tagesgeldkonto an. Am Ende des Versicherungsjahres informieren Sie Ihre Gesellschaft, dass Sie auf jährliche Beitragszahlung umstellen wollen. Dazu nehmen Sie den entsprechenden Betrag vom Tagesgeldkonto. So sparen Sie sich nicht nur den Ratenzuschlag, sondern Sie erhalten darüber hinaus noch die Zinsen vom Tagesgeldkonto.

Es gibt Gesellschaften, deren Geschäftspolitik es zu sein scheint, an jede Kapitallebensversicherung eine Unfalltod-Zusatzversicherung anzuhängen. Eine Notwendigkeit für eine solche Zusatzversicherung können wir nicht erkennen. Sie können diese Zusatzversicherung entsprechend Ihrer Beitragszahlweise kündigen. Wenn Sie derzeit noch monatlich ihre Beiträge entrichten, können Sie sie monatlich kündigen.

Schauen Sie nach, welches Überschusssystem in Ihrem Vertrag zur Anwendung kommt. Ist dort angegeben, dass das System »verzinsliche Ansammlung« verwendet wird, ist alles gut. Die mit ihren Beiträgen erwirtschafteten Gewinne werden verzinst angesammelt und dienen einer Erhöhung der Endauszahlung.

Wenn Sie aber feststellen, dass das Überschusssystem als »Bonussystem« oder als »Sofortrabatt« bezeichnet wird, sollten Sie sich an Ihre Gesellschaft wenden und nachfragen, ob man auf »verzinsliche Ansammlung« umstellen kann. Ein Recht darauf besteht allerdings nicht. Beim »Bonussystem« werden die Gewinne zur Erhöhung der Versicherungssumme im Todesfall verwendet. Beim »Sofortrabatt« werden die Gewinne mit dem Beitrag verrechnet und verringern diesen. Sinn und Zweck einer kapitalbildenden Lebensversicherung ist es aber, neben der Absicherung von Angehörigen eine möglichst hohe Ablaufleistung anzusparen. Dies ist aber nur mit dem System »verzinsliche Ansammlung« zu schaffen.

Wenn Sie eine Kapitallebensversicherung mit dynamischer Erhöhung abgeschlossen haben, erhalten Sie regelmäßig eine höhere Versicherungssumme, ohne eine erneute Gesundheitsprüfung durchlaufen zu müssen. Mit jeder Dynamisierung fallen erneut Kosten an. Deshalb ist eine Beibehaltung einer einmal vereinbarten Dynamisierung mit Vorsicht zu genießen. Meist entfällt die Dynamik ganz, wenn Sie drei Erhöhungen hintereinander widersprechen. Der erneute Einschluss der Dynamik wäre dann mit einer neuen Gesundheitsprüfung verbunden.

Kündigung zum Rückkaufswert

Sie können den Versicherungsvertrag zum Rückkaufwert kündigen und erhalten dann den Sparanteil Ihres Beitrags und die damit erwirtschafteten Zinsen ausgezahlt. Bei Verträgen, die zwischen 1994 und 2007 geschlossen wurden, lag bislang der Betrag oftmals weit unter den eingezahlten Beiträgen. Grund hierfür waren die von den Versicherern verwendeten Klauseln zum Rückkaufswert (sowie zur Beitragsfreistellung) und zu Abschlusskosten.

Die Gesellschaften begründeten die zum Teil sehr großen Differenzen zwischen der Summe der eingezahlten Beiträge und dem zur Auszahlung kommenden Rückzahlungswert damit, dass von Ihren Prämien die Verwaltungskosten, Vertreterprovisionen und Rückstellungen für den Fall des vorzeitigen Todes abzuziehen sind und erst der danach überschießende Anteil für den Sparvorgang verwendet wird. Aufgrund dieser Vorgehensweise wurde oftmals von den Beiträgen der ersten drei Versicherungsjahre nur ein sehr geringer Anteil für den Sparvorgang verwandt.

§ GESETZLICHE GRUNDLAGEN

Aufgrund mehrerer Urteile des Bundesgerichtshofs (u. a. Urteile vom 12. Oktober 2005, Az: IV ZR 162/03, IV ZR 177/03 und IV ZR 245/03; vom 26. September 2007, Az: IV ZR 321/05, IV ZR 20/04 sowie aus dem Jahr 2012, Az: IV ZR 201/10, IV ZR 202/10, IV ZR 198/10, IV ZR 200/10 und 2013 Az: IV ZR 17/13) gilt nunmehr für alle ab 1994 geschlossenen Kapitallebensversicherungsverträge oder fondsgebundenen Lebensversicherungen, dass ein bestimmter Mindestrückkaufswert gezahlt werden muss. Denn nach den Entscheidungen des BGH gilt für die Berechnung des Rückkaufswertes folgendes: Der Mindestrückkaufswert muss mindestens die Hälfte des sogenannten ungezillmerten Deckungskapitals (ungezillmert bedeutet ohne Berücksichtigung der Abschlusskosten) entsprechen; Dies entspricht in etwa der Hälfte der eingezahlten Beiträge. Bei fondsgebundenen Lebensversicherungen hat der Versicherungsnehmer Anspruch auf mindestens die Hälfte des Fondsguthabens, das zum Zeitpunkt der Kündigung besteht.

Für ab dem 1. Januar 2008 neu geschlossene Verträge gilt die Regelung des § 169 Versicherungsvertragsgesetzes. Danach gilt für die Ermittlung des Mindestrückkaufswertes, dass mindestens der Betrag des Deckungskapitals zu zahlen ist, der sich bei gleichmäßiger Verteilung der Abschluss- und Vertriebskosten auf die ersten fünf Jahre ergibt. Bei fondsgebundenen Lebensversicherungen ist der Rückkaufswert als Zeitwert der Versicherung zu berechnen. Maßgeblich ist also der Wert der Fondsanteile.

Beitragsfreistellung

Sie können den Vertrag auch beitragsfrei stellen. Voraussetzung ist, dass die Mindestversicherungssumme beziehungsweise Mindestrente erreicht ist. Wie hoch dieser Betrag sein muss, ist jeweils individuell im Vertrag geregelt. Falls Sie den Betrag nicht erkennen können, fragen Sie bei Ihrer Gesellschaft nach. Der Vertrag läuft dann bis zum vorgesehenen Ende mit einer verminderten Versicherungssumme oder Monatsrente weiter, ohne dass dafür Beiträge zu zahlen sind. Im Erlebensfall wird dieser Betrag dann zuzüglich der Überschussanteile ausgezahlt. Für die beitragsfreie Versicherungssumme gelten nach den zuvor genannten Entscheidungen des BGH die gleichen Regeln wie für den Mindestrückkaufswert bei Kündigung. Auch hier muss der Versicherer grob gerechnet die Hälfte der eingezahlten Beträge als beitragsfreie Versicherungssumme gewährleisten.

Verkauf der Police

Wenn Sie Ihre Kapitallebens- oder Rentenversicherung vorzeitig beenden, weil Sie dringend auf Geld angewiesen sind, sollten Sie prüfen, ob es lohnt, sie zu verkaufen. Verglichen mit einer Kündigung kann bei einem Verkauf eine höhere Summe erzielt werden, sofern Sie nicht an den Falschen geraten.

Voraussetzung ist für die meisten Aufkäufer, dass die Versicherung als ertragsstark eingestuft werden kann. Je nach Einstufung Ihrer Gesellschaft werden es etwa 7 bis 12 Prozent mehr. Die Unternehmen übernehmen den Vertrag dergestalt, dass sie die Beitragszahlung bis zum Ende der Laufzeit fortführen. Sollten Sie während der Laufzeit sterben, so erhalten Ihre Angehörigen die Todesfallsumme. Diese wird allerdings noch um die Beitragszahlungen des Käufers gekürzt. Erleben Sie den Ablauf des Vertrags, so erhält die Firma die gesamte Auszahlung.

→ TIPP

Es gibt auf dem Markt viele unseriöse Aufkäufer. Auf Nummer sicher gehen Sie, wenn Sie einen Policenaufkäufer wählen, der Mitglied im Bundesverband Vermögensanlagen im Zweitmarkt Lebensversicherungen e. V. ist. www.bvzl.de

G
E
F
D

Anhang

Adressen

→

Bundesanstalt für Finanzdienstleistungsaufsicht (BaFin)
Bereich: Versicherungsaufsicht
Graurheindorfer Straße 108
53117 Bonn
Telefon: 02 28/41 08-0
Fax: 02 28/41 08-15 50
www.bafin.de

Bundesverband der Versicherungsberater e. V. (BVVB)
Rheinweg 24
53113 Bonn
Telefon: 02 28/3 87 29 29
Fax: 02 28/3 87 29 31
www.bvvb.de

Bund der Versicherten e. V.
Postfach 11 53
24547 Henstedt-Ulzburg
Telefon: 0 41 93/9 42 22
Fax: 0 41 93/9 42 21
www.bundderversicherten.de

Gesamtverband der Deutschen Versicherungswirtschaft e. V. (GDV)
Wilhelmstraße 43/43G
10117 Berlin
Telefon: 0 30/20 20 50 00
Fax: 0 30/20 20 60 00
www.gdv.de

Ombudsmann Private Kranken- und Pflegeversicherung
Postfach 06 02 22
10052 Berlin
Telefon: 0 800/2 55 04 44 (kostenfrei aus deutschen Telefonnetzen)
Fax: 0 30/20 45 89 31
www.pkv-ombudsmann.de
(hierüber auch schriftliche Beschwerde möglich)

Verband der Privaten Krankenversicherung e. V. (PKV-Verband)
Gustav-Heinemann-Ufer 74c
50968 Köln
Telefon: 02 21/99 87-0
Fax: 02 21/99 87-39 50
www.pkv.de

Versicherungsombudsmann e. V.
Postfach 08 06 32
10006 Berlin
Telefon: 08 00/3 69 60 00
Fax: 08 00/3 69 90 00
www.versicherungsombudsmann.de

Vermittlerregister – DiHK/Deutscher Industrie- und Handelskammertag e. V.
Breite Straße 29
10178 Berlin
Telefon: 01 80/60 05 85-0
Fax: 0 30/2 03 08-1000
www.vermittlerregister.info

VERSICHERUNGSBERATUNG DER VERBRAUCHERZENTRALEN

Verbraucherzentrale Baden-Württemberg e. V.
Paulinenstraße 47
70178 Stuttgart
Telefon: 07 11/66 91-10
Fax: 07 11/66 91-50
www.vz-bawue.de

Verbraucherzentrale Bayern e. V.
Mozartstraße 9
80336 München
Telefon: 0 89/5 39 87-0
Fax: 0 89/53 75 53
www.vz-bayern.de

Verbraucherzentrale Berlin e. V.
Hardenbergplatz 2
10623 Berlin
Telefon: 0 30/2 14 85-0
Fax: 0 30/2 11 72 01
www.vz-berlin.de

Verbraucherzentrale Brandenburg e. V.
Babelsberger Straße 12
14473 Potsdam
Telefon: 03 31/2 98 71-0
Fax: 03 31/2 98 71-77
www.vzb.de

Verbraucherzentrale Bremen e. V.
Altenweg 4
28195 Bremen
Telefon: 04 21/1 60 77-7
Fax: 04 21/1 60 77 80
www.verbraucherzentrale-bremen.de

Verbraucherzentrale Hamburg e. V.
Kirchenallee 22
20099 Hamburg
Telefon: 0 40/2 48 32-0
Fax: 0 40/2 48 32-290
www.vzhh.de

Verbraucherzentrale Hessen e. V.
Große Friedberger Straße 13–17
60313 Frankfurt/Main
Telefon: 0 69/97 20 10-900
Fax: 0 69/97 20 10-40
www.verbraucher.de

Verbraucherzentrale Mecklenburg-Vorpommern e. V.
Strandstraße 98
18055 Rostock
Telefon: 03 81/2 08 70-50
Fax: 03 81/2 08 70-30
www.nvzmv.de

Verbraucherzentrale Niedersachsen e. V.
Herrenstraße 14
30159 Hannover
Telefon: 05 11/9 11 96-0
Fax: 05 11/9 11 96-10
www.vz-niedersachsen.de

Verbraucherzentrale Nordrhein-Westfalen e. V.
Mintropstraße 27
40215 Düsseldorf
Telefon: 02 11/38 09-0
Fax: 02 11/38 09-216
www.verbraucherzentrale.nrw

Verbraucherzentrale Rheinland-Pfalz e. V.
Seppel-Glückert-Passage 10
55116 Mainz
Telefon: 0 61 31/28 48-0
Fax: 0 61 31/28 48-66
www.vz-rlp.de

Verbraucherzentrale des Saarlandes e. V.
Trierer Straße 22
66111 Saarbrücken
Telefon: 06 81/5 00 89-0
Fax: 06 81/5 00 89-22
www.vz-saar.de

Verbraucherzentrale Sachsen e. V.
Katharinenstraße 17
04109 Leipzig
Telefon: 03 41/69 62 90
Fax: 03 41/6 89 28 26
www.vzs.de

Verbraucherzentrale Sachsen-Anhalt e. V.
Steinbockgasse 1
06108 Halle
Telefon: 03 45/2 98 03-29
Fax: 03 45/2 98 03-26
www.vzsa.de

Verbraucherzentrale Schleswig-Holstein e. V.
Andreas-Gayk-Straße 15
24103 Kiel
Telefon: 04 31/5 90 99-0
Fax: 04 31/5 90 99-77
www.vzsh.de

Verbraucherzentrale Thüringen e. V.
Eugen-Richter-Straße 45
99085 Erfurt
Telefon: 03 61/5 55 14-0
Fax: 03 61/5 55 14-40
www.vzth.de

Verbraucherzentrale Bundesverband e. V.
Markgrafenstraße 66
10969 Berlin
Telefon: 0 30/2 58 00-0
Fax: 0 30/2 58 00-518
www.vzbv.de

Stichwortverzeichnis

→

A

Altersrückstellungen
 – private Krankenversicherung 41
Altersvorsorge
 – private 7
ambulante Krankenzusatzversicherung
 – Ergänzungstarife 30
 – Kostenerstattungstarife 30
Angehörige
 – Absicherung 81
 – Mietsachschäden 91
Arbeitsunfähigkeit 55
Arzneimittel
 – alternative 26
Arzt
 – Privatabrechnung 25
Ausbildungsversicherung 151
Auslandsreisekrankenversicherung 135
 – chronisch Kranke 136
außerordentliche Kündigung 163
Autoschutzbrief 132
Autoversicherungen → Kfz-Versicherung

B

Bagatellschaden
 – Kfz-Versicherung 130
Basistarif
 – private Krankenversicherung 18, 42
Bauherrenhaftpflichtversicherung 95
Behandlungsvertrag
 – privatrechtlicher 20
Beitragserhöhung
 – Kündigung 163
Beitragsfreistellung 168
Beitragsrückgewähr
 – Krankenversicherung 26
 – Unfallversicherung 75
Beitragsverrechnung
 – Risikolebensversicherung 82
Berufshaftpflichtversicherung 97
Berufsrechtsschutz 121
Berufsunfähigkeitsversicherung 9, 13, 65, 74
besondere Risiken
 – Haftpflichtversicherung 94
Betriebshaftpflichtversicherung 97
Bindungsfrist
 – Krankenkasse 26
Blitzschlag
 – Wohngebäudeversicherung 101
Bonussystem 167
Brand
 – Wohngebäudeversicherung 101
Brillengestell 26
Brillenversicherung 149

C

Chefarztbehandlung 38

D

Disease-Management-Programm 24
Doppelkarte 129
Dread-Disease-Versicherung 71

E

Eigentümerrechtsschutz 121
Einbruchdiebstahl
– Hausratversicherung 109, 110
– Geräteversicherung 149
Elektrogeräte
– Garantieverlängerung 150
Elementarschäden
– Hausratversicherung 115
Elementarschadenversicherung 102, 115
Erdbeben, Erdrutsch, Erdsenkung 103
Ergänzungstarife
– ambulante Krankenzusatzversicherung 30
Erwerbsminderungsrente 64
Erwerbsunfähigkeitsversicherung 69
eVB-Nummer 129
Explosionen 101, 110

F

Fahrlässigkeit
– private Haftpflichtversicherung 89
Fahrradversicherung 114, 147
Feuer
– Wohngebäudeversicherung 101
Flugzeugabsturz 101
Forderungsausfalldeckung
– private Haftpflichtversicherung 91, 93
Fotovoltaikanlagen 105
Funktionsinvaliditätsversicherung 71

G

Garantieverlängerung 150
Gebäudewert
– Unterversicherung 105
Geräteversicherung 150
gesetzliche Krankenversicherung 18, 24
gesetzliche Unfallversicherung 75
Gewässerschadenhaftpflichtversicherung 96
Glasversicherung 147
Grundbesitzerhaftpflichtversicherung 97
Grundfähigkeitsversicherung 69

H

Haftpflichtversicherung
– Aufsichtspflicht 92
– Ausschlüsse 89
– Bauherren 95
– Forderungsausfalldeckung 91, 93
– Gewässerschaden 96
– Haus- und Grundbesitzer 97
– Kraftfahrzeuge 125
– Leistungen 88
– Mietsachschadenklausel 91
– private 9, 12, 87, 88, 91
– Schäden durch kleine Kinder 91
– Tierhalter 95
– Versicherungssumme 90
Haftpflichtversicherung für besondere Risiken 94
Hagel 101, 111
Handyversicherung 149
Hausarztverträge
– gesetzliche Krankenversicherung 24
Hausbesitzerhaftpflicht 95
Hausratversicherung 107
– Blitzschlag 110
– Brand 107, 110
– Einbruchdiebstahl 110
– Elementarschäden 115
– Explosionen 110
– Hagel 111
– Leitungswasser 111
– Quadratmeterlösung 113
– Raub 111
– Reisen 109
– Sturm 111
– Unterversicherung 113

– versicherte Gefahren 109
– versicherte Gegenstände 108
– Versicherungsort 109
– Wertermittlung 112
Hausverkauf
– Kündigungsfrist 106
Hausversicherung 100
– versicherte Gefahren 101
– versicherte Objekte 100
Heilbehandlung
– medizinisch notwendige 55, 136
Hinweis- und Informationssystem (HIS) 68
Hochwasser
Hausratversicherung 115
– Wohngebäudeversicherung 102
Hund
– Haftpflichtversicherung 95
– Tierkrankenversicherung 149

I

Insassenunfallversicherung 132, 148
Internet 143
– Vergleichsportale 145
Invaliditätsversicherung für Kinder 77
Invitatiomodell 161

J

Jahresarbeitsentgeltgrenze
– Krankenversicherung 34

K

Kapitallebensversicherung 10, 81, 165
– Ausbildungsversicherung 151
– Berufsunfähigkeit 67
– Sterbegeldversicherung 150
Kfz-Kaskoversicherung 125
Kfz-Versicherung 125
– Bagatellschaden 130
– Rückstufung im Schadensfall 130
– Schadensfreiheitsklassen 130
– Schadensregulierung 130
– Teilkasko 126
– Unfallbogen 131
– Vollkasko 126
– Wechsel 129
– Zurückstufung 130
Kind
– Ausbildungsversicherung 151
– Invaliditätsversicherung 13, 77
– private Haftpflichtversicherung 91
– Unfallversicherung 79
Kostenerstattungstarife
– ambulante Krankenzusatzversicherung 30
Krankengeld 22, 33
– gesetzliche Krankenversicherung 54
– Künstler und Publizisten 26
Krankenhaus 25
Krankenhaustagegeldversicherung 147
Krankenhauszusatzversicherung
– gesetzliche Krankenversicherung 28
Krankenkasse → Krankenversicherung, gesetzliche
Krankenkassenwechsel 32
– gesetzlich zu privat 34
Krankentagegeldversicherung 55
Krankenversicherung 17
– gesetzliche 24
Beitragsrückgewähr 26
Beitragssatz 32
Hausarztverträge 24
Krankengeld 54
Kündigungsfrist 32
Restkostentarif 28
Selbstbehalt 26
stationäre Krankenzusatzversicherung 28

Wahltarife 24, 25
– gesetzliche und private im Vergleich 18
– längerer Auslandsaufenthalt 138
– private 38
Altersrückstellungen 39
Basistarif 42
Beitragserhöhung 40
Selbstbehalt 38, 42
Standardtarif 41
Tarifwechsel 39
– Versicherungspflicht 17
Krankenzusatzversicherung
– stationäre 28
Kreditversicherung 151
Kündigung
– außerordentliche 163
– Beitragserhöhung 163
– Lebensversicherung 165
– Nicht-Lebensversicherung 162
– ordentliche 162
– Schadensfall 164
– Vertragsdauer 162
Kündigungsfrist
– allgemeine 162
– gesetzliche Krankenversicherung 32
– Hausverkauf 106
– Kfz-Haftpflichtversicherung 162
– Krankenkassenwechsel 32
– private Krankenversicherung 162
Kündigung zum Rückkaufswert
– Lebensversicherung 167
Künstler
– Krankengeld 26

L

Lawine
– Wohngebäudeversicherung 103
Lebensversicherung 81
– Kündigung zum Rückkaufswert 167
– Vertragsbeendigung 165
Leitungswasser
– Hausratversicherung 111
– Wohngebäudeversicherung 101

M

Miete
– Privathaftpflichtversicherung 93
Mietrechtsschutz 121
Mietsachschadenklausel 91
Mindestdeckungssummen
– Kfz-Haftpflicht 126
Mindestversicherungssumme
– Lebensversicherung 168

N

Neubauwert
– Wohngebäudeversicherung 106

O

Ombudsmann 170
Online-Tarifrechner 143
ordentliche Kündigung 162

P

Pflege-Bahr 49
Pflegeergänzungsversicherung 50
Pflegegrad 46, 48
Pflegekostentarife 48
Pflegepflichtversicherung 45
Pflegerentenversicherung 50
Pflegestufe 46, 48
Pflegetagegeldversicherung 49
Pflegezusatzversicherung
– private 48
Policen-Trimm 166

Policenverkauf 169
Privatabrechnung
– Arzt 25
private Krankenversicherung 18, 38,
→ Krankenversicherung, private
– Basistarif 42
– Selbstbehalt 42
– Standardtarif 41
– Tarifwechsel 39
private Pflegezusatzversicherung 48
private Unfallversicherung 73
private Zahnzusatztarife 30
private Zusatzversicherung 27
Privathaftpflichtversicherung
→ Haftpflichtversicherung
Privatrechtsschutz 121
Produktinformationsblatt 154
Prozesskosten 119
Publizisten
– Krankengeld 26

Q

Quadratmeterlösung
– Hausratversicherung 113

R

Rabattschutz
– Kfz-Versicherung 128
Rechtsschutzversicherung 119
– Kostenübernahmen 123
– Leistungen 120
Reisegepäckversicherung 140, 148
Reiserücktrittsversicherung 138
Rente
– gesetzliche 63
Restkostentarif
– gesetzliche Krankenversicherung 28
Restschuldversicherung 151
Risikolebensversicherung 81
Risikovoranfrage
– Berufsunfähigkeitsversicherung 68
Rückkaufswert
– Kündigung Lebensversicherung 165

S

Schadensfall
– Sachversicherungen 164
Schadensfreiheitsklassen 130
Schadensfreiheitsrabatt 126
Schadensregulierung
– Kfz-Versicherung 130
Selbstbehalt
– gesetzliche Krankenversicherung 26
– private Krankenversicherung 42
Sofortrabatt 167
Solaranlagen 105
Standardtarif
– private Krankenversicherung 41
Starkregen 102, 116
stationäre Krankenzusatzversicherung 28
Sterbegeldversicherung 150
Sturm 101, 111

T

Tarifwechsel
– private Krankenversicherung 39
Teilkasko 11, 126
Tierhalterhaftpflichtversicherung 95
Tierkrankenversicherung 149
Todesfallbonus
– Risikolebensversicherung 82

U

Übergangshilfe
– Berufsunfähigkeitsrente 67
Überschusssystem 166

Überschwemmung 103
- Haftpflichtversicherung 88
- Hausratversicherung 11, 115

Unfall
- Kfz-Versicherung 130

Unfallbogen
- Kfz-Versicherung 131

Unfallrentenversicherung 74
Unfallversicherung 9, 70
- gesetzliche 75
- private 73

Unterversicherung
- Gebäudeversicherung 103
- Hausrat 112, 113

V

Vergleichsportale
- Internet 145

Verkehrsrechtsschutz 119
Vermittlerregister 12, 173
Versicherungen
- notwendige 6
- überflüssige 147

Versicherungsbedarf
- Analyse 153
- persönlicher 7

Versicherungspflichtgrenze
- Krankenversicherung 34

Versicherungsschutz
- Grundregeln 14

Versicherungssumme
- Ausbildungsversicherung 151
- Bauherrenhaftpflichtversicherung 95
- Haftpflichtversicherung 90
- Hausratversicherung 108
- Kfz-Insassenunfallversicherung 132
- private Unfallversicherung 73
- Sterbegeldversicherung 148
- Vergleichsportale 145
- Wohngebäudeversicherung 106

Versicherungsvermittler 12, 14
Versicherungswert 1914
- Wohngebäudeversicherung 106

Vertragsdauer 162
Vollkasko 11, 126
Vulkanausbruch 103

W

Wagnisauskunft 68
Wahlleistungstarif
- Krankenhauszusatzversicherung 28

Wahltarif
- Krankenversicherung 26

Wartezeit
- private Krankenversicherung 41, 57, 61
- Rechtsschutzversicherung 123

Wertermittlung
- Hausratversicherung 112

Widerruf 159
Widerrufsfrist 159
Wohngebäudeversicherung 100, 105
- Gebäudewert 105
- gleitende Neuwertversicherung 105
- Kündigungsfristen bei Hausverkauf 106
- Unterversicherung 105
- versicherte Gefahren 101
- versicherte Objekte 100

Z

Zahnersatz 10, 26
Zahnzusatztarife
- private 10, 30

Zurückstufung
- Kfz-Versicherung 130

Zusatzversicherungen
- private 27

Bildnachweis

Fotolia

S. 5, 16: detailblick-foto
S. 5, 62: Laiotz
S. 44: Sandor Kacso
S. 51: Robert Kneschke
S. 86: weseetheworld
S. 94: Monkey Business
S. 96: Jürgen Fälchle
S. 97: Tiberius Gracchus
S. 115: Ilona Weiß
S. 117: animaflora
S. 118: Brian Jackson
S. 122: Photographee.eu
S. 133: cameris
S. 144: ra2 studio
S. 170: euthymia

Umschlagfoto

psdesign1 – Fotolia.com

istock

S. 6, 98: Rouzes
S. 6, 134: danchooalex
S. 6, 158: stevedangers
S. 52: Danilo Pinzon, Jr.
S. 66: adventtr
S. 69: laflor
S. 70: annebaek
S. 72: Marco Martins
S. 76: Yobro10
S. 79: kdshutterman
S. 80: shapecharge
S. 84: Emir Memedovski
S. 124: RobertCrum
S. 140: Peshkova
S. 142: PeopleImages
S. 146: Thomas_EyeDesign
S. 152: malerapaso
S. 155: baona

Impressum

Herausgeber
Verbraucherzentrale Nordrhein-Westfalen e. V.
Mintropstraße 27, 40215 Düsseldorf
Telefon: 02 11/38 09-5 55
Telefax: 02 11/38 09-2 35
E-Mail: publikationen@verbraucherzentrale.nrw
www.verbraucherzentrale.nrw

Mitherausgeber
Verbraucherzentrale Baden-Württemberg e. V.
Verbraucherzentrale Hamburg e. V.
(Adressen → Seite 173)

Text und fachliche Beratung
Elke Weidenbach, Recklinghausen
(für die Seiten 6–86)
Rita Reichard, Köln
(für die Seiten 87–169)

Lektorat
Christina Seitz, Düsseldorf
www.christina-seitz.de

Koordination
Wolfgang Starke

Gestaltungskonzept
Lichten Kommunikation und Gestaltung, Hamburg
www.lichten.com

Layout und Satz
Ute Lübbeke, Köln
www.LNT-Design.de

Druck
Druckhaus Weppert Schweinfurt GmbH

Gedruckt auf 100 % Recyclingpapier
Redaktionsschluss: September 2016

1. Auflage, Oktober 2016

Dieser Ratgeber ist bisher in der Ratgeberreihe der Verbraucherzentrale erschienen, zuletzt in der 24. Auflage 2013. Er wurde für diese neue Ausgabe grundlegend überarbeitet, erweitert und aktualisiert.

© Verbraucherzentrale NRW, Düsseldorf
Das Werk einschließlich aller seiner Teile ist urheberrechtlich geschützt. Jede Verwertung, die nicht ausdrücklich vom Urheberrechtsgesetz zugelassen ist, bedarf der vorherigen Zustimmung der Verbraucherzentrale NRW. Das gilt insbesondere für Vervielfältigungen, Bearbeitungen, Übersetzungen, Mikroverfilmungen und die Einspeicherung und Verarbeitung in elektronischen Systemen. Das Buch darf ohne Genehmigung der Verbraucherzentrale NRW auch nicht mit (Werbe-)Aufklebern o. Ä. versehen werden. Die Verwendung des Buches durch Dritte darf nicht zu absatzfördernden Zwecken geschehen oder den Eindruck einer Zusammenarbeit mit der Verbraucherzentrale NRW erwecken.

ISBN 978-3-86336-068-9
Printed in Germany